James Dean
O MOÇO DA CAPA

James Dean
O MOÇO DA CAPA

Antonio Bivar

editora brasiliense

Copyright © Antonio Bivar
Nenhuma parte desta publicação pode ser gravada,
armazenada em sistemas eletrônicos, fotocopiada,
reproduzida por meios mecânicos ou outros quaisquer
sem autorização prévia da editora.

Primeira edição, 1983
1ª reimpressão, 2002

Diagramação do miolo: Moema Cavalcanti
Revisão: José W. S. Moraes
Capa: Produtores Associados
Caricatura: Emílio Damiani
Foto de Capa: Agência France Presse

Dados Internacionais de Catalogação na Publicação (CIP)
(Câmara Brasileira do Livro, SP, Brasil)

Bivar, Antonio, 1941–
  James Dean : O moço da capa / Antonio Bivar. – –
São Paulo : Brasiliense, 2002. – (Coleção Encanto Radical ; 38)

1ª reimpr. da 1ª ed. de 1983.
ISBN 85-11-03038-7

1. Atores e atrizes cinematográficos – Biografia
2. Dean, James, 1931–1955 I. Título. II. Série.

02-5722   CDD-791.43028092

Índices para catálogo sistemático:
1. Atores cinematográficos : Biografia
   791.43028092
2. Cinema : Atores : Biografia
   791.43028092

editora brasiliense s.a.
Rua Airi, 22 – Tatuapé – CEP 03310-010 – São Paulo – SP
Fone/Fax: (0xx11) 6198-1488
e-mail: brasilienseedit@uol.com.br
www.editorabrasiliense.com.br

livraria brasiliense s.a.
Rua Emília Marengo, 216 – Tatuapé – CEP 03336-000 – São Paulo – SP
Fone/Fax: (0xx11) 6675-0188

SUMÁRIO

Capítulo 1
Infância e adolescência 7

Capítulo 2
Um calouro em Los Angeles 23

Capítulo 3
Jimmy em Nova Iorque 33

Capítulo 4
Uma estrela desponta no leste do Éden 52

Capítulo 5
James Dean e a síndrome da
  Juventude Transviada 68

Capítulo 6
"Gigante" e o fim de um pequeno grande moço . 80

Capítulo 7
James Dean *post* Jimmy *mortem* 97

Cronologia/Filmografia 108

"Passa tão rápido. Nem tempo tivemos de nos olhar. Nem me dei conta. Tudo acontecia sem que jamais o percebêssemos. Leve-me de volta — colina acima — ao meu túmulo. Mas antes: Espera! Mais uma olhada.

Adeus, adeus mundo... Mamãe e Papai. Adeus margaridas do campo... e os girassóis de mamãe. E comida e café. E roupas limpas recém-passadas e banhos quentes... e dormir e acordar. Oh, terra, você é tão maravilhosa que quase ninguém a percebe!"

Emília, em *Nossa Cidade*, peça de Thornton Wilder

"... O BOY tornou-se a propriedade mais quente da propaganda. Sorriso enigmático no rosto jovem e delicado. O BOY está olhando o quê?... O BOY é muito quente para segurar. Templos foram edificados ao BOY e havia *posters* de setenta e sete pés de altura e todos os adolescentes passaram a agir como o BOY olhando você com ar sonhador e sucrilhos nos lábios partidos. Todos eles compraram camisas BOY e facas BOY correndo à volta feito bandos de lobos..."

The Wild Boys, por William Burroughs

CAPÍTULO 1

INFÂNCIA E ADOLESCÊNCIA

James Byron Dean aos quatro meses

James Byron Dean nasceu a 8 de fevereiro de 1931, no Estado de Indiana (região centro-oeste dos Estados Unidos). Marion, o nome do lugar de seu nascimento, é a típica cidade descartável americana; uma cidade industrial cuja única outra contribuição para a civilização fora a invenção do prato de papel. Em Marion James Dean viveu seus primeiros quatro anos, até que os pais se mudaram para Santa Mônica, Califórnia. Ambos nascidos em Indiana, Mildred, sua mãe, era de uma família metodista e Winton, seu pai, era *quaker* de uma linhagem original que vinha de passageiros do Mayflower — o navio que no século dezessete trouxera os primeiros peregrinos ingleses aos Estados Unidos.

Bem, daqui para a frente James Dean será tratado

por Jimmy, pois assim era chamado por familiares e amigos. Nos seus primeiros anos Jimmy viveu num prédio de apartamentos, até que seu pai resolveu deixar o emprego de dentista (especialista em prótese) no Hospital dos Veteranos e se mudar com mulher e filho para a fazenda de seu cunhado, com a idéia de criar rãs. Vivia-se a era da Depressão, e se tudo já estava difícil, fácil não ficou para Winton ganhar a vida com pernas de sapos. Além disso, tornava-se patente que ele não tinha talento para continuar a tradição familiar de trabalhadores rurais. Winton sentia-se mais confortável na rotina do hospital. Então, transferiu-se para um hospital em Santa Mônica, Califórnia.

Para não perder o contato familiar, Mildred enviava constantemente fotos de Jimmy aos sogros em Fairmount. A avó paterna de James Dean costumava dizer que ele era um menino de feições doces com tez de boneca de porcelana e compleição de maçã madura. Delicado demais para um *boy*.

Robusto na aparência mas frágil na constituição, Jimmy crescia sofrendo de freqüentes escorrimentos de sangue pelas narinas. Era sensível e provavelmente influenciado pelo interesse materno em artes e poesia.

Jimmy estava com oito anos e sua mãe nem completara 30 quando ocorreu a primeira das duas grandes tragédias de sua vida. Mildred começou a se queixar de severas dores no peito. Exames de raio X revelaram que ela estava com câncer adiantado.

James Dean jamais se libertaria do espectro materno. A memória da mãe o acompanharia por toda sua curta vida. Não foi jamais publicada uma fotografia dela, mas os que a conheceram a ela se referem como uma mulher "morena e roliça" ou "longilínea e loura". A memória materna ficou gravada nas próprias feições andróginas de Jimmy. Ele seria sempre carente de algo maternal no seu relacionamento com as mulheres: primeiro com sua tia Ortense, a quem ele sempre chamava de "Mom" (mãe); depois, Adeline Nall (sua professora no ginásio), que o introduziu ao teatro; mais tarde, em Santa Mônica, Jean Owen (outra professora de teatro); em Nova Iorque ele descobriria a figura da mãe em Jane Deacy, sua agente. Nos *sets* de filmagem, em Julie Harris, Mercedes McCambridge e Elizabeth Taylor. James Dean sempre viu sua mãe nessas mulheres e elas reconheciam a carência infantil nele. Jimmy também habituara-se a ficar descrevendo a mãe original para as outras. A mãe era sempre recontada como uma deusa cheia de bondade, que aos quatro anos colocara o filho a aprender violino e logo depois o matriculara numa escola de dança para aprender sapateado.

Bill Bast — talvez seu melhor amigo e confidente, com quem Jimmy dividira apartamento na Califórnia, e com quem mais tarde se juntaria em Nova Iorque, disse a uma repórter: "Tenho a impressão de que sua mãe tentou tirá-lo da vida comunitária rural de onde vinham e fazer dele alguém. Sim, porque afinal de contas ela deu-lhe o nome de Byron, além de

INFÂNCIA E ADOLESCÊNCIA

colocá-lo em aulas de dança e de música. Ela sabia o que estava fazendo. E você sabe, não se faz isto a um garoto sem estigmatizá-lo. Isso demonstra uma espécie de amor muito especial, alienando a criança do mundo real. Como se dissesse: 'Nós somos diferentes dos outros, você e a sua mãezinha'. Quero dizer, ela morreu e deixou o garoto numa situação difícil. Daí em diante tudo que restou a Jimmy foi levar adiante as fantasias alimentadas pela mãe, prolongando a infância; o que, se por um lado faz do menino um objeto da malícia alheia, por outro, dá a ele, em troca, uma qualidade muito especial, invejada e desejada pelos outros".

Na Fazenda

Em Fairmount as pessoas são como que atadas umas às outras, pelas raízes. Ali cresce-se reto e forte e ninguém pretende ser melhor ou pior que seu vizinho. Na década de 40 a cidade contava com cerca de 2 700 habitantes, um centro comercial cercado de fazendas, grandes e pequenas, por todos os lados. Até hoje, uma vez entrando nessa cidade, em sua rua principal, tudo cheira a intimidação: é preciso que o forasteiro se confine a uma escala discreta, porque é como estar entrando no olho de um fotógrafo que não deixa escapar o menor detalhe. A cidade, que não tem mais que uma centena de quarteirões, desfruta, nos anos 80, da mesma familiaridade e da mesma aparência de 40 anos atrás, dando a quase certeza de que nela o tempo não passou desde 1949, quando James Dean a deixou pela Califórnia e pela glória. O garoto da entrega dos jornais, ao dar uma pausa no seu trabalho para beber da água de uma fonte que está ali desde os tempos de Jimmy, parece saído de uma ilustração de Norman Rockwell. A tecnologia apenas reforçou sua resistência às mudanças: é uma cidade *quaker*, e um *quaker*, como definiu o *Reader's Digest*, "não é de extrair pompa de qualquer circunstância". Um povo que cultiva o zero em si mesmo. Fairmount é uma cidade à qual seus heróis e filhos pródigos sempre retornam. É uma cidadezinha tão parada que dá a impressão de estar sempre prendendo a própria respiração. Foi nela que Frank James (irmão de Jesse) pendurou as botas, assim como outros notórios bandoleiros da história americana do século dezenove.

De fato, existem milhares de cidadezinhas como Fairmount, não só nos Estados Unidos como espalhadas ou perdidas por todo este planeta, mas...

Em 1940, aos nove anos, órfão de mãe, Jimmy chega e vai viver na fazenda de seus tios Ortense e Marcus Winslow, na vistosa casa de 14 cômodos, com vista para os 300 acres de terra e próxima da casa de seus avós Emma e Charlie Dean, no centro da cidade. Os avós de Jimmy, apesar de viverem na cidade, também conservavam uma fazendola ali pelos arrabaldes.

A fazenda onde agora vive Jimmy é rica em árvores,

INFÂNCIA E ADOLESCÊNCIA

flores e por ela passa um riacho de águas claras. Chegando um tanto anêmico, logo ele se adapta, tira proveito da rotina campestre e fica mais forte. Ordenha vacas, cata ovos e dá ração aos animais e aves. Aos 10 anos de idade seu tio o ensina a dirigir o trator. O futuro artista ganha um cachorro de nome Tuck e adota um porco como animal de estimação. Nas corridas colina acima e abaixo, o porco tenta alcançar o menino e seu cão.

Jimmy tinha uma prima, Joan, então já mocinha de 14 anos. Tempos depois ela dirá, do primo: "Jimmy não parava quieto, ele tinha que estar sempre fazendo alguma coisa". No verão aprendeu a nadar, e uma vez, num mergulho no lago, apanhou uma carpa com a mão. Outra vez perdeu os dois dentes da frente pulando de um trampolim que o tio construíra para ele. Jimmy aprende, então, que para ser saudável e forte é preciso também ter cuidado.

Anos depois, em Hollywood, e já um astro, ele confessaria à colunista Hedda Hopper: "Os 40 acres de aveia eram um vasto palco — quando o público ia embora eu parava de representar, isto é, largava o arado".

Jimmy ia também com freqüência à fazendola dos avós, onde seguia um velho empregado, Bing Traster, considerado na região "o maior contador de lorotas do mundo". Traster contava as mais fatásticas histórias, cheias de uma fantasia terra-a-terra que encantavam o menino. Este, depois, o imitava, também inventando histórias absurdas com as quais divertia os colegas na escola primária. Uma das historinhas de Jimmy ficou conhecida como "O Colar de Gansos". Era mais ou menos assim: "Lembro-me de um tempo quando, se você desse a um ganso um pedaço salgado de carne de porco, a carne atravessava a ave em 10 segundos. Então, peguei uma linha de pescar, amarrei o pedaço de carne na ponta e dei para um ganso; quando saiu pelo cu, dei a carne a outro ganso, depois outro e outro... Não demorou muito para o celeiro ficar cheio de gansos, todos pendurados feito pérolas num colar. Ah, se vocês vissem eles fazendo *quack, quack!*"

Os anos da Depressão foram tempos difíceis também para os tios de Jimmy mas, com luta e coragem, conseguiram manter a fazenda e pagar as dívidas. Trataram bem de Jimmy do mesmo modo com que tratavam a filha Joan. Jimmy mostrava sua gratidão imitando o tio em tudo: usava camiseta e *jeans*, era ligeiramente desleixado e desconfiava de estranhos, embora fosse diligente nos serviços e, ocasionalmente, fizesse do *Camel* o seu cigarro favorito (fumava escondido).

A fazenda até hoje é visitada por fãs e curiosos que peregrinam até Fairmount para ver onde James Dean passou um terço de sua curta vida. Na sala espaçosa avista-se um grande piano isolado num canto. Conta tia Ortense que na última visita de Jimmy à fazenda — ele acabara as filmagens de *Vidas Amargas* — seu garoto trouxera junto o bongô

INFÂNCIA E ADOLESCÊNCIA

para acompanhá-la ao piano. Nada mudou muito na casa, desde então. Próximo da porta um aparelho de TV, e sobre este um vaso de flores artificiais e dois porta-retratos com fotos de Jimmy. O quarto dele continua arrumado como se o dono ainda dormisse ali. Assim como sua motocicleta no celeiro. Tudo parece adormecido esperando a volta de Jimmy para de novo ganhar vida.

O mistério de James Dean não está no seu fim abrupto mas nas suas origens. Assim, para conhecer Jimmy na sua infância é preciso ver de perto sua cidade, o lugar onde viveu dos 9 aos 18 anos, a fazenda e as pessoas que com ele conviveram nesse tempo, porque as qualidades especiais que fizeram James Dean também fazem parte das mesmas veias, do humor e do amor pela invenção que os habitantes de Fairmount captaram da terra desde que nela chegaram.

Escola, Amizades e Influências

A Escola Elementar de Fairmount é uma construção da época vitoriana e não mudara praticamente em nada quando nela Jimmy chega para dar continuidade ao curso primário, em 1940. Mas para o menino era uma novidade e ele sentiu-se bem com a mudança. Ao contrário da escola na Califórnia — onde fora mau aluno, objeto de pilhéria dos colegas e esporadicamente levado a defender-se em brigas ocasionais

— agora ali não: na nova escola ele sente-se como que numa continuidade da casa dos seus novos pais. Além do que, tem a prima Joan para ajudá-lo nas tarefas de casa. Melhora em qualidade e popularidade. Ainda assim, muitas vezes a professora o pega distraído sonhando acordado. Sonhos heróicos de um menino extraordinário — apesar de em tudo e por todos ser considerado "um menino como os outros". Talvez até fosse. Seriados do Zorro no rádio, histórias em quadrinhos do Cisco Kid, lendas do velho oeste. Sonhos de bravura, aventuras, conquistas, sonhos que fermentam sua cabecinha, sonhos que anos depois o tornariam — ainda que por outros caminhos — tão mundialmente popular quanto outros *american dreams*: a Coca-Cola, por exemplo.

— Era dele o riso mais doce da classe — disse sua professora India Nose. — Até hoje, por qualquer coisa, ainda posso ouvir o riso dele.

Mas outros professores disseram que Jimmy às vezes também se mostrava um menino melancólico, obstinado, esquecido, mal-humorado. Qualquer ruído repentino podia irritá-lo e, quando questionado, era como se o arrancassem de pensamentos distantes. Uma vez, em plena aula de aritmética ele, sem qualquer motivo aparente, rompeu em prantos. Quando a professora quis saber por que, Jimmy respondeu: "Sinto falta da minha mãe".

Já do pai, que estava vivo, ele não sentia falta. Eles nunca se entenderam e pouco se veriam durante a curta vida de Jimmy. No fundo sentia-se órfão de

INFÂNCIA E ADOLESCÊNCIA

mãe e pai. E órfão ele era considerado pelos colegas. Apesar de tudo de bom que lhe acontecia em Fairmount, havia qualquer sentimento que lhe dava a consciência de ser um "forasteiro" ali. Algo semelhante ao personagem que ele viria a encarnar tempos depois em *Juventude Transviada*. Talvez simbolicamente ele representasse o arquétipo do ser humano arrancado de suas raízes, estranho num mundo estranho, um mutante, uma ponte entre o lugar de origem e o lugar para onde estava indo, sem pertencer a um nem a outro. Por isso talvez seu sorriso e seus olhos azuis (usava óculos de lentes grossas, era míope) já denotassem uma certa expressão de ironia.

Mas esquecia tudo isso quando se tratava de teatro. E teatro é o que não faltava na escola em Fairmount. A senhora Nall, instrutora teatral da escola, encenava duas peças por ano e os ensaios levavam meses. Os atores eram quase sempre ginasianos. Mas ela convidava os do primário para assistirem aos ensaios. E Jimmy não perdia um. Por outro lado, tia Ortense também o incentivava. Na reunião anual da União das Senhoras Cristãs ele foi levado a ler uma cena terrível da lenda de um enforcado. Algumas senhoras se divertiram com a exagerada dramaticidade de Jimmy declamando o monólogo. Outras ficaram chocadas com sua atuação: tão novinho e já tão *mórbido*!

Para o diretor da escola, Jimmy era um arruaceiro. "Mas isto não é mau sinal, pelo contrário. Muitas vezes, dentro desses meninos existe uma grandeza que os professores não vêem porque estão sempre muito ocupados."

Incompreendido, Jimmy se fechou numa apatia, tornando frias suas atitudes, inclusive em relação ao futuro. Mas sua instrutora teatral o defendia, dizendo que nessa idade as crianças não acham *moderno* ser bons alunos.

Desde sua mãe até a senhora Nall, todos tiveram um dedo na formação e no destino de James Dean; mas foi o pastor James DeWeerd quem lhe abriu o portal para a grande vida. Esse pastor, além de culto, cosmopolita, mundano (no sentido *bon vivant* do termo), excêntrico, já tinha na época um *curriculum* notável: entre outras coisas fora amigo de Winston Churchill, e por ocasião do falecimento do primeiro-ministro britânico o pastor DeWeerd recebera um convite pessoal da rainha para o funeral.

Jimmy e o pastor DeWeerd sentiram uma simpatia recíproca, e o rapazola passou a freqüentar a raposa religiosa (que vivia com a mãe). Ao pastor, Jimmy confessava seus segredos e anseios mais íntimos e este, por seu turno, iniciava o garoto nas artes, na música erudita e na ioga. Falavam de poetas e filósofos. O pastor DeWeerd aparece no romanceiro de James Dean como o velho sábio, o mago dos contos folclóricos, surgido na puberdade, quando o mocinho mais precisa de um guia espiritual. O pastor encoraja o futuro ator à solidão: "Cada pessoa é a raiz quadrada de zero"; "Conformismo é covardia"; "É melhor morrer no isolamento sabendo que se foi verdadeiro a si mesmo que apodrecer nos becos da mediocridade e do lugar-comum". Jimmy gravou esses ditos no coração. O pastor também o ensinou a dirigir automóvel e, já no final do ginásio, levou o adolescente a uma corrida de carros em outra cidade, apresentando-o a Cannoball Baker, famoso ás do volante nos anos 40. No caminho de volta a Fairmount o pastor falou de carros, da velocidade, do perigo e da possibilidade de morte instantânea. Jimmy mostrou-se impressionado.

— Ensinei Jimmy a crer na imortalidade da alma. Ele não temia a morte porque acreditava, como eu, que a morte é mero controle da mente sobre a matéria — disse o pastor. Jimmy passou a crer no "Grande Além". Ocultismo também era um assunto que o fascinava.

Jimmy ganhou do tio Marcus sua primeira motocicleta, em 1947, aos 16 anos. A moto, com a potência de um cavalo, era um modelo tcheco e fazia 50 milhas por hora. Ele, claro, não era o único motoqueiro em Fairmount. Jimmy, que tinha sempre essa coisa de querer ser um dos valentes, juntava-se aos outros motoqueiros numa quebrada não muito distante da fazenda do tio Marcus. A bem da verdade, Jimmy não conseguia descobrir maiores interesses nos papos dos motoqueiros mas, no fundo, adoraria ser como esses garotos simples. O fato de também estar se dedicando ao teatro é que fazia dele um diferente. Nos últimos anos ele vinha representando peças no teatro da escola, sempre dirigido pela senhora Nall e sempre interpretando papéis de personagens conflituados, trágicos, velhos, bêbados, malditos, estigmatizados. Ajudava a montar e a pintar cenários. Era detalhista nos figurinos (embora na "vida real" continuasse só vestindo camisetas e *jeans*). Gostava que tudo parecesse o mais realista possível. E nos preparos da peça era quem insistia para que os ensaios durassem mais tempo, às vezes até a meia-noite, fazendo com que as mães dos outros "atores", estudantes como ele, reclamassem à diretoria da escola por seus filhos terem voltado para casa tão tarde. Jimmy retrucava: "Se você quer ser ator tem que desistir do resto, pelo teatro".

De resto, freqüentava o social de Fairmount, das festas escolares às partidas de basquete, às reuniões dos escoteiros e do Lions Club. Houve um ano em que na festa das bruxas, em outubro, Jimmy fez uma paródia de Frankenstein, o monstro que não se enquadrava em lugar algum.

E ele tinha namorada? Que os colegas se lembrem, não. É claro que muitas eram as garotas interessadas nele, mas Jimmy estava mais interessado em si mesmo. Ele foi suspenso da escola uma única vez, por ter esmurrado e feito um colega rolar escada abaixo, devido a este ter tirado sarro de uma recitação poética sua. Sabendo que os tios tinham recebido notificação da escola sobre sua suspensão, Jimmy foi para casa preocupado. Lá chegando reparou que os tios estavam mais frios que de costume. Tio Marcus disse apenas "Pegue sua espingarda e vá caçar". Jimmy subiu as

INFÂNCIA E ADOLESCÊNCIA

escadas e trancou-se no quarto, insatisfeito. O que ele esperava? Bem, uma surra, qualquer punição, uma reprimenda, ou até mesmo um beijo de tia Ortense perdoando-o. Nada disso aconteceu. Era assim que os *quakers* agiam.

Mas, em qualquer pequena cidade, até mesmo um não-conformista é perdoado se também se destacar como capitão de um time de basquete, por exemplo. E Indiana era o estado do basquete. Jimmy, qual alquimista, explorava ao máximo sua adolescência, retendo os princípios mágicos da infância, convertendo esses princípios à expansão de seus conhecimentos do mundo, superando a fragilidade física com a garra de quem quer ser o melhor, em tudo. Vencer competições e provar a si mesmo e aos outros que tudo é uma questão de truque, tão fácil quanto, para um mágico, puxar pelas orelhas coelhos fora da cartola. E não demorou muito para que ele ganhasse a reputação de estrela do basquete, em sua cidade. E depois na circunvizinhança. Com fotos e legendas na seção de esportes do *Fairmount News*, o jornal local. Apesar de medir apenas 1,70 m, o mais baixo da turma. E de usar óculos. Tio Marcus conta: "Jimmy quebrou 15 pares de óculos tentando ser um atleta".

Ser o melhor entre os machos compensava seu outro lado, extremamente sensível. E foi com o teatro que ele ganhou primeira página — foto e subtítulo — ao vencer uma competição estadual de melhor declamador. Jimmy escolheu para a ocasião um monólogo tirado do *Pickwick*, de Charles Dickens. *O Louco* era o título. Depois, com este monólogo, ele foi a uma competição interestadual, no Colorado. A *performance* de Jimmy foi considerada muito longa — não obstante sua instrutora teatral ter implorado, sem resultado, para que o pupilo encurtasse o monólogo, que durava 12 minutos. Jimmy o desempenhou bem, mostrando com nuanças sutis as várias facetas de um louco. Classificou-se com um honroso sexto lugar. Mas, se por um lado não tirou primeiro lugar, por outro, algo de notável lhe acontecera: mordera o fruto mágico e sentara-se à mesa da fama; e a aparição desta o tantalizara, fazendo-o sentir ímpeto de segui-la onde seu brilho fosse total. Que tal lugar ficasse no paraíso ou no inferno, pouco lhe importava. Fosse onde fosse. E... cruel, tão cedo ele não perdoaria sua instrutora por ela não ter sido mais inflexível na exigência de encurtar o monólogo.

Duas décadas após, a senhora Nall confessaria a uma pesquisadora: "Tudo que tenho, hoje, é a glória de ter tocado a vida de um gênio".

No dia de sua formatura, meses mais tarde, sua avó admitiu: "Está ficando cada vez mais claro que o negócio dele é representar. É nisso que ele é melhor". Emma Dean ficou convencida do talento do neto vendo-o representando um garoto cego numa peça religiosa. "Para dizer a verdade", admitiu a avó, "eu preferiria que ele não estivesse tão bem. Chorei a peça inteira".

INFÂNCIA E ADOLESCÊNCIA

Um dos princípios da família *quaker* é deixar que seus membros se descubram por eles mesmos. Se o rapaz queria representar, que fosse aprender a fazê-lo bem. Na véspera de sua partida de Fairmount, Jimmy ganhou festa de despedida com a presença de meia cidade. Foram servidos refresco de groselha e sanduíches. E, desde a senhora Nall ao pastor DeWeerd, quase todos, parentes, amigos e conhecidos, se fizeram presentes. Ao piano, um colega cantou *Califórnia lá vou eu* seguido de *Voltando a Indiana*, arrancando risos e lágrimas de muitos. Jimmy deixava a vida de moço do campo e o seu Éden encantado pelos palácios de jóias verdadeiras e falsas da Babilônia americana: Hollywood. E, feito o clássico herói de sua América, ele começou a aventura de seu destino indo até a cidade mais próxima e de lá embarcando num ônibus Greyhound. Quatro dias depois chegava aos arrabaldes de sua meta. Era junho de 1949 e ele estava com 18 anos.

A casa da fazenda dos tios em Fairmount.

CAPÍTULO 2

UM CALOURO EM LOS ANGELES

Contam os anais que fazia um calor de deixar cachorro doido no dia em que Jimmy chegou a Los Angeles. Além do que, ele ficou um bom tempo plantado na estação rodoviária esperando o pai vir apanhá-lo de carro. Jimmy estava apreensivo. E não era sem motivo: nos últimos 10 anos ele e o pai estiveram juntos poucas vezes, e até pelas raras cartas a comunicação entre os dois era formal. Winton Dean, quatro anos depois da morte da mãe de Jimmy, casara-se novamente e agora ele e Ethel, sua segunda esposa, viviam numa pequena casa no subúrbio de Santa Mônica. Winton nunca fora homem ambicioso. Continuava na mesma rotina de hospital e se considerava um realista, um homem com os pés na terra.

Jimmy, de princípio, não curtiu a madrasta mas

UM CALOURO EM LOS ANGELES

ficou frio, mostrou-se polido. Sabia que tinha de aceitar as regras da nova casa, já que não tinha meios de livrar-se delas de imediato. Comportou-se. O pai, então, escolhe o colégio para o filho. Especialidades: negócios, ensino, direito, educação física — cursos para preparar o jovem para uma vida prática e relativamente bem remunerada. Winton ainda nem percebera que o filho estava na Califórnia à procura de um bom curso de teatro. Quando Jimmy diz isso ao pai, este não quer ouvir mais uma palavra a respeito. Winton não faz a menor idéia de como o filho é bom de palco. Jimmy segura a barra. Com o tempo as coisas mudarão, calcula. Desde que esse tempo não demorasse muito.

Para encurtar aqui esta fase da vida do biografado — afinal o biógrafo sabe que existe um limite de páginas nesta coleção e, até agora, nenhum *radical* mereceu dois volumes — Jimmy dá um tempo na casa paterna, faz direitinho (até certo ponto) o curso de educação física no colégio decidido pelo pai e começa a revelar sinais de fadiga, que daí em diante freqüentará o terceiro terço de sua vida.

Tudo era difícil: o pai não gostava de emprestar o carro ao filho — acabou lhe dando um Chevrolet 1939, de terceira mão, para ver se o filho ficava um pouco mais contente, desistindo de vez da mania de ser ator. Mas não. Quem procura acha, e Jimmy acabou entrando para uma dessas companhias de verão, que preparava um musical. Conseguiu um papel e usou o nome artístico de Byron Dean. Depois

JAMES DEAN

procurou cursos de teatro. Num desses cursos conquistou a simpatia da professora Jean Owen, que o tomou sob sua proteção, alimentando nele a autoconfiança. Depois da morte de James Dean, a senhora Owen confessou à revista *Movieland*: "Não entendo por que tanto se escreve sobre ele como se tivesse sido uma espécie de delinqüente juvenil. O Jimmy que conheci não era nada temperamental, imprevisível ou rude. Quando leio essas histórias sobre ele parece que estou lendo sobre outra pessoa. Ele não era nada rebelde. Sempre foi muito gentil, polido e atencioso. Mostrava vir de uma boa formação familiar. Ele nem ao menos era cônscio de sua beleza. Era quieto e até tímido. Um dia pedi que ele lesse algumas cenas do *Hamlet*. Fiquei tão entusiasmada que chegando em casa sacudi meu marido, que dormia, para contar-lhe que finalmente tinha encontrado o estudante certo para representar o *Hamlet*, como eu achava que devia ser representado. O estudante, claro, era Jimmy Dean".

No verão Jimmy arranjou um emprego temporário como instrutor de atletismo e finalmente conseguiu sair da casa do pai, indo morar numa república de rapazes, uma fraternidade chamada Sigma Nu. No outono sua vida mudou: entrou para a escola de arte dramática da Universidade de Los Angeles (UCLA) e foi escolhido entre 367 estudantes-atores inscritos para uma montagem de *Macbeth*. Conseguiu o importante papel de Malcolm. O espetáculo estreou e sua *performance* foi considerada, pela crítica

UM CALOURO EM LOS ANGELES

local, como "a pior interpretação de Malcolm desde que a peça de Shakespeare fora encenada pela primeira vez". No mesmo ano um colega de universidade o leva para fazer um comercial da Coca-Cola, com um bando de adolescentes brindando o "viva a vida" de garrafa na mão. Aí começa aquela coisa: o diretor do comercial (que durava um minuto) sente o potencial de Jimmy — o mais animado da turma — e logo depois, dos escritórios do produtor, Jimmy é chamado para fazer uma ponta num drama sobre a Segunda Guerra, para a TV. *Colina Número Um* é o título, e Jimmy faz São João, o apóstolo (tratava-se de um filme "simbólico"). Jimmy tem só três falas, mas quando o teledrama é exibido, o jovem ator ganha seu primeiro fã-clube — garotas entre 14 e 18 anos, do Ginásio Imaculado Coração. Ele até que curte a coisa e não deixa de comparecer quando o fã-clube dá festinhas homenageando-o. Jimmy adora desempenhar a estrela. Nesse meio tempo as coisas na república Sigma Nu já estão deteriorando. Tratando-se de uma fraternidade masculina, os outros rapazes começam a hostilizar Jimmy, por ele mostrar-se tão mais interessado em teatro do que por coisas mais machas. Será que ele não sabe que homem que faz teatro é considerado *fruta*? Os rapazes de Sigma Nu não querem nenhuma *bailarina* no meio deles. Aqui a barra é um por todos e todos por um. Jimmy, não gostando das insinuações, esmurra um dos *irmãos* no nariz. É expulso da fraternidade e tem de procurar outro lugar para morar. Fala com seu melhor amigo, Bill Bast, também candidato a ator e estudante de arte dramática na UCLA, persuadindo-o a irem, juntos, procurar o lugar ideal: "Um lugar que sei que existe e é próximo da perfeição, um lugar para aprender tudo deste mundo, um lugar a partir do qual começaremos toda uma nova vida de aventuras". Os dois amigos procuram que procuram o tal lugar até que acabam indo dar com os cornos numa velhinha zeladora de um bloco de apartamentos. E a velhinha diz: "Acho que tenho o que vocês, rapazes, procuram". E subindo escadas e mais escadas os leva até lá. Bill Bast escreveria depois, no livro de sua autoria sobre os cinco anos de convívio com James Dean: "Diante dos nossos olhos estava a miniatura de um apartamento-cobertura, como que suspenso no ar e distante do mundo lá embaixo, com uma janela descortinada para o oceano, ao longe".

Bill achou o convívio com Jimmy uma experiência estimulante mas também muito enervante. Por qualquer coisa Jimmy podia desligar seu magnetismo tão prontamente quanto este surgira. Tornava-se até grosso, abandonando amigos no meio de conversas e saindo repentinamente dos lugares, irritando e deixando furiosos os que queriam conhecê-lo melhor. Nem com o companheiro de morada Jimmy se abria. Pelo contrário, fazia segredo de tudo e mostrava-se cada vez mais tenso, à medida que se ia tornando mais conhecido como ator. Nem falava disso com medo de perder uma possível oportunidade só pelo

UM CALOURO EM LOS ANGELES

fato de mencioná-la. Como se Bill e o mundo estivessem competindo com ele. "Ao mesmo tempo", escreveu Bill Bast, "em poucas semanas ele já fazia parte integral da minha vida". Os dois rapazes tinham duas garotas: Beverly (namorada de Bill) e Jeanetta (namorada de Jimmy). Os dois casais saíam para programa juntos. Dois anos depois da morte de James Dean, Beverly Wills confessaria à revista *Modern Screen*:

— Eu achava Jimmy muito *morto* até que fomos a um piquenique. Repentinamente ele mostrou-se tão cheio de vida, tão entusiasmado! Bastou começarmos a falar de arte dramática. Daí ele me disse que estava muito interessado no método Stanislavsky, no qual o ator não representa somente pessoas, mas coisas também. "Olhe", disse-me Jimmy, "sou uma palmeira numa tempestade". Ele levantou os braços e começou a balançá-los feito selvagem. Para sentir-se ainda mais livre ele arrancou o paletó barato. E começou, sei lá, a crescer. Daí eu constatei que seus ombros eram muito largos e todo ele muito bem constituído. Depois ele foi ficando ainda mais selvagem e começou, ai de mim, a representar um macaco. Então Jimmy escalou uma árvore imensa e pendurou-se num galho lá no alto. Fui ficando histérica e gritei: "Jimmy, pára com isso!" — porque... ao mesmo tempo que era muito engraçado, me dava medo, sei lá, medo de que ele caísse e se quebrasse todo. E não é que ele pulou lá de cima no chão, ficando feito menino bobo-alegre, gritando de alegria por tudo que ia encontrando, um pedaço de giz, uma bola de gude! Todos que estavam perto assistindo se divertiram muito com aquela representação que tinha começado espontaneamente, quando ele começou a me falar do método Stanislavsky.

Um dia Jimmy e Beverly foram pegar Bill, que a essa altura estava trabalhando na CBS, no departamento de dramas radiofônicos. Daí Beverly chegou ao Bill e disse, sem olhar para ele: "Bill, precisamos conversar com você. Jimmy e eu, bem... nós nos amamos".

Houve uma longa pausa na qual Bill ficou sem saber como reagir. Não encontrou o que dizer. Nem chocado se sentia, porque na verdade, apesar de estar saindo com Beverly, não estava emocionalmente envolvido com a moça. Por outro lado, conhecendo Jimmy como conhecia, Bill sabia que "amor" não estava nas cogitações do amigo. Mas Jimmy fez sequer o menor gesto para corrigir a moça.

Quem não gostou nem um pouco da novidade foi Jeanetta, supostamente a garota de Jimmy. De fato, Jeanetta ficou foi uma *arara*, quando soube da transa Jimmy-Beverly. Foi à cobertura procurar Bill e lá também encontrou Jimmy. Jeanetta fez uma cena e na frente de Jimmy tentou persuadir Bill a sair dali, que Jimmy e Beverly não prestavam. Jeanetta pôs tanta ênfase no que dizia, que Bill começou a se sentir convencido de que Jimmy e Beverly realmente não eram boas biscas. Mas Jimmy o sacudiu em tempo, mostrando ao companheiro que Jeanetta estava fora de si e não dizia coisa com coisa. A garota tentou interferir entre os dois e foi esbofeteada por Jimmy. Finalmente Bill e Jeanetta saíram "para sempre", deixando Jimmy sozinho e entregue às lágrimas. Como resultado, dias depois ele também se viu forçado a deixar a cobertura, por não ter dinheiro bastante para pagar sozinho o aluguel. Mudou-se para a casa de um diretor da CBS. Roger Breckett era bastante influente e conseguiu papéis para Jimmy em programas de rádio. Jimmy, aos poucos, foi conseguindo figurações e pontinhas também no cinema. Em *Baionetas Caladas* e *O Marujo Foi na Onda*. No segundo, estrelado pela dupla Dean Martin e Jerry Lewis, Jimmy não tem nenhuma fala mas aparece rapidamente atrás de Jerry em uma cena. Em um outro filme, *Sinfonia Prateada*, Jimmy já aparece mais. Nessa comediazinha romântica e açucarada da Universal, estrelada por Rock Hudson e Piper Laurie (ambos da novíssima geração do começo dos cinqüenta), Jimmy aparece em uma cena, dentro de uma sorveteria, pedindo um sorvete a Charles Coburn. Ele tem uma fala só e diz: "Êi vô, pra mim um chocô-malte, pesado no chocô, bastante leite, quatro colheres de malte, duas bolas de sorvete de baunilha, uma delas batida com o resto e a outra boiando em cima...". O velho Coburn, confuso com o pedido, manda-o passar no dia seguinte.

Mas Jimmy — assim como outros estudantes de arte dramática — não estava satisfeito com o academicismo da atmosfera na universidade e nem com as pontas que estava conseguindo no cinema. Os mais sabidos estavam comentando sobre as aulas experimentais que Lee Strasberg e Elia Kazan estavam dando no *Actors Studio* em Nova Iorque. Bill Bast fala com o ator James Whitmore — mais velho e mais experimentado — para que este dê aulas sobre o método Stanislavsky para um grupo de jovens atores. E Jimmy, claro, também vai parar nessas aulas semanais. Mais tarde James Dean diria à colunista Hedda Hopper: "Se devo algo a alguém, então devo tudo a James Whitmore. Posso dizer que ele me salvou quando eu estava todo confuso. Me descobri como ator graças a ele. Foi ele quem me deu a chave".

No começo dos cinqüenta Hollywood atravessava um de seus períodos mais gelatinosos, produzindo comediazinhas romântico-musicadas e épicos bíblicos. O único lugar onde representar era ainda levado a sério, e mortalmente a sério, era Nova Iorque. Jimmy, rapaz ambicioso, impaciente, e certo de seu talento, não queria perder outro ano na mediocridade que corria solta na Califórnia. Fez a cabeça para tomar a reta assim que as folhas do outono começassem a despencar. Os dois anos passados na Califórnia foram uma sucessão de amizades que se deterioraram — primeiro com o pai e a madrasta; depois a grotesca passagem pela fraternidade

UM CALOURO EM LOS ANGELES

Sigma Nu; a seguir, a alienação de seu único amigo, Bill Bast e, finalmente, o namoro com Beverly. E mais as roupas erradas, o cabelo que não parava assentado, a timidez que a cada dia fechava-o mais em sua concha; misérias de fazer monstro rastejar. Assim, no outono de 51, Jimmy deixou a Califórnia por Nova Iorque. Beverly, que não foi levá-lo à estação (ele preferiu que ela não fosse), escreveu um poema sobre a despedida: "Eu o beijei no rosto, desejando-lhe boa sorte / e o assisti caminhando rua abaixo. / Ele ia chutando algumas pedras como um menino briguento. / Parou sob a luz de um poste para acender um cigarro. / Então, colocando os ombros no lugar, dobrou a esquina e desapareceu . . .".

Ponta em Sinfonia Prateada, *1950.*

CAPÍTULO 3

JIMMY EM NOVA IORQUE

Na Broadway, em O Imoralista, 1954.

Jimmy chega a Nova Iorque. O impacto que a cidade lhe causa é tamanho, que ele sente-se como quem finalmente acorda, depois de 20 anos. Ele e a cidade têm tanta coisa em comum que é como se N.I. fosse uma colossal metáfora de seu próprio estado interior. Entretenimentos, decadência, violência e vida comunitária, a energia é tanta que ele quer começar logo a construção de sua criatura. Ele não permanecerá anônimo durante muito tempo mais. Em dois anos a Broadway será pressionada sob seus pés; em três ele conquistará Hollywood e em quatro anos estará morto.

Claro que nas primeiras semanas ele sente-se tão confuso que mal se aventura a ir pouco mais longe

33

que os quarteirões que cercam o seu hotel, perto da Times Square. Assiste a três filmes, diariamente, para escapar da solidão. Gasta quase todas as suas economias no cinema. As economias vêm do dinheiro que tio Marcus e o reverendo DeWeerd lhe mandam. Procura e acha um espaço, um quarto, na Associação Cristã de Moços. Nesse primeiro ano ele sai à cata de emprego. Primeiro candidata-se a um programa de prêmios na TV. Lógico, sua determinação é tanta que é premiado, em muitos dólares. Que logo acabam. Por outro lado, rápida mas cuidadosamente, ele vai selecionando o que quer extrair dos elementos da cidade e com esses dados vai-se construindo. Agora ele é o homem que se inventa. Ele é, a um só tempo, mecânico e máquina. Sempre "roubando" das pessoas seus tiques, maneirismos, expressões etc., um repertório de gestos — o material vital com o qual um ator constrói seu personagem, segundo Stanislavsky, o fundador do método.

Método ou Loucura?

As transformações operadas em Jimmy durante essa primeira fase em N.I., tão traiçoeiras como são, para o fabrico de sua persona, vão, também, causando uma maravilhosa metamorfose nele. Um mutante, seu rosto e seu corpo também se adaptam às novas experimentações. Em três anos ele não terá mais nada do rapaz do interior. Sua aparência física mostrará uma transformação radical e irreversivelmente alterada.

Saindo da Associação Cristã de Moços ele vai morar com Dizzy Sheridan, também neófita e candidata a um posto de bailarina séria. Os dois se tornam inseparáveis. Ela o prefere sem os óculos, sempre caindo. Jimmy é mais baixo que Dizzy. Depois acaba o dinheiro e eles se separam. Jimmy vai viver na casa de um senhor, do ramo da TV, que o ajuda. Jimmy faz a interminável ronda das agências de atores. Aceita qualquer ponta para não ter de parar muito tempo em biscates como lavador de pratos, cobrador de ônibus, garçom ou michê; funções que, mesmo executando-as esporadicamente, delas não contará nada a ninguém. Nesses empregos, entre um e outro tempo vago, escreve versos: "Secret loft in azure habitat"; ou "My town believes in God and his crew/My town hates the Catholic and the Jew". Escreve uma carta ao "velho" amigo Bill Bast, que continua lá na Califórnia, seduzindo-o espetacularmente a vir para Nova Iorque.

Jimmy tem suas razões para querer o amigo perto. Bill poderá aliviá-lo um pouco da solidão da vida em N.I. Na verdade, Bill queria mesmo ir para N.I., para tentar a sorte como escritor de televisão. Mas, quando chega, vê que as coisas não são bem como Jimmy lhe escrevera. Vão morar no Hotel Iroquois, quarto 802, 90 dólares mensais. Sem TV e o mínimo de mobília. Bem simples, espartano. Tempos difíceis, apenas o preço que se tem de pagar por uma nova

JIMMY EM NOVA IORQUE

vida. Os outros hóspedes residentes: velhas damas em suas amalucadas rotinas e outras vidas solitárias com passados decepcionantes. Não demora muito, Jimmy e Bill se cansam do hotel e vão viver com Dizzy Sheridan, no novo e minúsculo apartamento que a moça acabara de alugar. No bolso, menos de um dólar. Arranjam um colchão aqui, uma toalha ali e quebram o galho. Gritos famintos vindos do fundo de seus estômagos. Na primeira noite juntam as sobras da geladeira e preparam um guisado. E, enquanto assistem, discretos, baratas e percevejos subindo pelas paredes, jantam em silêncio: um escritor, uma bailarina e um ator. Nova Iorque é fascinante.

E assim voam os dias. No mercado do mundo do entretenimento, sempre ajuda o artista ter a proteção de alguém inabalável e bem prático. Alguém para empurrar, encorajar, expressar fé, fazer acordos e manter o artista em ação. Jimmy encontra essa pessoa quando conhece Jane Deacy, a mulher que se tornará sua agente e também figura materna para o resto de sua vida. Essa moça, no momento do encontro, trabalha como assistente de uma das muitas agências procuradas por Jimmy. Assim que o vê, Jane Deacy reconhece nele o potencial de estrela. Daí em diante — e porque ele é talentoso — a persistência de Jane D. tratará de colocá-lo onde ele possa melhor se revelar. Aos cuidados dela ele não será jamais explorado. Ela calcula sabiamente seus valores e junta a esses valores uma fé ilimitada, que irá conduzi-lo.

JAMES DEAN

Uma tarde, no escritório de Jane Deacy, Jimmy nota uma loura muito atraente, datilografando qualquer coisa. Ela levanta os olhos do teclado e, vendo-o baixinho e naqueles óculos de lentes grossas, acha que ele não tem jeito de ator. Desinteressada, volta a datilografar. Depois Jane Deacy conta a ela quem é Jimmy. Mais tarde, tomando café na *drugstore*, Christine White confessa a Jimmy que é atriz e que datilografava uma cena que fará, no teste para ser admitida no *Actors Studio*. Ótimo: desde que, ainda na Califórnia, James Whitmore lhe dera aquele toque a respeito do *Studio*, Jimmy vinha tentando encontrar o caminho até lá. Melhor ainda: no meio da conversa ocorre a Christine que ela precisa de um parceiro para a cena do teste e, casualmente, Jimmy se oferece para sê-lo. A cena já está escrita mas quando vão ensaiá-la Jimmy e a moça juntos a reescrevem, adaptando o outro personagem para Jimmy. Ensaiam cinco semanas com afinco e sempre que têm uma chance passam a cena em público, para sentir as reações: para velhinhos e velhinhas em bancos de parques, para bêbados em bares e para conhecidos. Quando se sentem prontos o bastante para serem confundidos com um casal tendo um arranca-rabo, eles marcham para o teste. Nervosos. Sem contar que, sem óculos, Jimmy não consegue localizar o centro do palco. O que acaba até ajudando, talvez, dando um cunho menos formal e mais realista à cena que, de resto, é mesmo uma cena noturna. Resultado: dos 150 aspirantes ao *Actors Studio*, Jimmy e Christine ficam entre os 12 finalistas e acabam como os dois únicos aceitos, nessa safra.

O *Actors Studio* é a mais desejada e prestigiada escola de teatro, nos anos 50, tendo, entre seus associados desse tempo, gente do gabarito de Elia Kazan, Arthur Miller, Marlon Brando e Marilyn Monroe. O *Actors Studio* é assim o barômetro intelectual e político do teatro novaiorquino; um centro para quem está procurando por novas estrelas ou tentando ser uma delas. Lugar mais certo, impossível. O *Actors Studio* vem de uma linhagem que leva diretamente à Rússia do começo do século, quando o grande ator e diretor Konstantin Stanislavsky inventou toda uma nova filosofia a respeito da arte de interpretar. Ele inventou aquilo que, com muita fanfarra, entraria para a história do teatro, por vias americanas, como o Método. Que mereceria milhares de estudos e muitos livros publicados, inclusive um de título *Método ou Loucura?*. Mas, em resumo, de que se trata o tal Método? Bem: trata-se de uma disciplina treinada rumo à construção de um personagem cuja meta não é a imitação desse personagem mas a integração dele no ator, construindo-o a partir da realidade da própria vida do ator.

Esse método, trazido à América por madame Maria Ouspenkaya (uma velha atriz russa treinada pelo próprio Stanislavsky) foi, por ela e outros, ministrado nos anos 30, marcando também muita influência na época, graças a autores teatrais como

JAMES DEAN

B. Brecht e Clifford Odets e a atores como John Garfield e o próprio Elia Kazan.

O *Actors Studio* fica num prédio branco, no lado oeste da rua 44. Pequeno, você chega e encontra uma ante-sala que acolhe os estudantes antes das aulas. Os alunos, ali, esperam ansiosos a chegada do mestre Lee Strasberg. Há também uma cozinha para café ou chá e duas privadas com "Romeu" e "Julieta" gravados nas portas. Quando Strasberg chega, os estudantes seguem o mago, silenciosamente, escada acima até a sala, para as duas horas de drama/discussão/diálogo, supondo-se que todos participem. Jimmy senta-se à frente mas nunca participa de nada. Isso passa a acontecer depois de ele ter feito um único exercício e ser obrigado a ouvir estudantes e mestre analisando seu trabalho. "Se deixar que me dissequem, feito lebre em laboratório, pode acontecer que eu nunca mais faça nada. Deus me livre, eles podem me esterilizar!" — diz Jimmy, caindo fora. E Strasberg mesmo admitiria, depois, que nem Marlon Brando, nem Montgomery Clift nem James Deam foram, rigorosamente, treinados no *Actor Studio*. Eles não precisavam. Mas Jimmy gostava de vir e ficar sentado, observando.

O Método é um sistema de representação que demanda, de seus discípulos, o uso de todos os sentimentos experimentados em suas vidas reais, na parte que têm de dramatizar: cada detalhe do passado, cada experiência, cada sensação, dores e raivas e outros sentimentos crus entram na "construção do personagem". Mas ao ator é lembrado a não se deixar sugar por aquilo que é chamado de "a falácia existencial", que é um erro. É um erro o artista confundir-se com a própria criação. Os atores na Europa evitam "a falácia existencial". Desligam-se do personagem e são meramente *entertainers*. Stanislavsky, o próprio, insistia nesse ponto: "Parte dos seus sentidos deve estar livre da peça para controlar tudo. O ator não pode se esquecer de que está num palco cercado por um cenário. O que acontece aí é uma contrafação da realidade. É falso. Então ele, o ator, sabe, o tempo todo, que está representando. Isto é Método".

Mas nos Estados Unidos, o Método surtiu efeito diferente. A cultura norte-americana, no seu consumismo infatigável, e na sua imagem do teatro como diversão, faz de seus artistas produtos comerciais. Sucesso para uma estrela significa financeira e socialmente o equivalente às hierarquias da nobreza européia. Muitas dessas estrelas, criadas pelo cinema (James Dean, Marilyn Monroe, Montgomey Clift) e pelo *rock* (Jimi Hendrix, Janis Joplin, Jim Morrison), não conseguiram resistir e caíram vítimas da "falácia existencial" porque, ao contrário da Europa, onde os *performers* mais bem-sucedidos são tratados como artistas, nos Estados Unidos o público quer que seus "heróis" sejam os personagens que interpretam. Uma estrela de cinema é sempre o modelo de algo extremado — vítimas de uma implosão que chegando ao limite de suas personagens interiores e, não conseguindo ir além desse limite, dissolvem. Marilyn descreveu a sensação como parecida com a de quem espera, para qualquer instante, um acidente.

Não é de se admirar que três das quatro maiores estrelas, da última grande era de Hollywood, que passaram pelo Método, caíssem vítimas de suicídios: por atrito, como o autodestrutivo Montgomey Clift; por intenção, como no caso de Marilyn; ou "suicídio por inadvertência", como a morte de James Dean é descrita.

Da Televisão à Broadway

Em 1951, com a maioria da programação transmitida diretamente de Nova Iorque, começa a febre da televisão em todos os Estados Unidos. Qualquer jovem ator arranja pra fazer biscate nessa onda. Feito um monstro predatório, a TV vai engolindo todo e qualquer talento que pode e não pode. Para concorrer com a TV, Hollywood inventa novos truques, como 3D, Cinemascope, Cinerama, Odorama, VistaVision e outros. Apesar de começar a tirar o público do cinema, a TV fornece à indústria cinematográfica todo um novo elenco de jovens atores — Rod Steiger, Eve Marie Saint, Grace Kelly, Paul Newman, Anne Bancroft, todos com o estilo *cool* de Nova Iorque. A TV vai empregando também novos autores, e só em 1952 mais de 500 teledramas são apresentados. Muito mais do que anos e anos de Broadway.

JIMMY EM NOVA IORQUE

Entre 1952 e 55, James Dean faz um número incontável de aparições nesses dramas televisivos e ganha ao menos duas dezenas de papéis importantes, para os três canais, NBC, ABC e CBS. Lamenta-se que desse período pouquíssima coisa tenha sido gravada e conservada. Jimmy trabalha ao lado de muitos atores consagrados, bons ou maus, novos ou antigos, gente como Carol Channing, Mary Astor, Natalie Wood (que mais tarde também será seu par em *Juventude Transviada*, no cinema) etc... até Ronald Reagan (!). Em Fairmount, seus familiares compram um aparelho de TV só para o verem. E se em N.I. ele ainda não passa de um entre uma infinidade de novos talentos, em Fairmount sua carreira é acompanhada e tem todo o seu progresso enfaticamente noticiado pelo *Fairmount News*. Mas, com tanta participação, Jimmy ainda é um duro. Pede dinheiro emprestado a uma namorada e o tio lhe manda 30 dólares. Compra um novo par de sapatos e fica muito contente. Recebe uma boa crítica do *Variety* — tido como "a bíblia do *showbiz*" — por seu trabalho em *As Horas Escuras, Escuras*, um teledrama patrocinado pela General Electric e estrelado por Ronald Reagan; nessa produção Jimmy aparece fazendo um jovem assassino. Reagan faz um médico cujo sono é interrompido pela aparição de Jimmy trazendo um companheiro mortalmente ferido. Com uma arma apontada para Reagan, Jimmy o obriga a extrair uma bala do corpo do amigo; mas ainda assim o colega morre. Depois da morte do companheiro, Jimmy é subjugado e desarmado por Reagan.

James Dean, Paul Newman e Steve McQueen, nessa época, viviam se cruzando nas agências, quando se apresentavam para a competição de um papel. Os três, embora não fossem iguais, dividiam uma mesma semelhança de tipos. Os três pertenciam ao gênero "Marlon Brando", mais refinados que esse monstro sagrado e, ao mesmo tempo, com algo de *cowboy* existencial. Um novo gênero de herói estava a caminho e era natural que aparecessem candidatos ao papel. Como dissera um filósofo que Jimmy apreciava: "Gênios sempre aparecem em grupos porque grupos produzem a fricção que gera a luz". No final, esses três jovens atores se mostrarão bem diferentes. Mas no princípio eram comparados um aos outros. Steve McQueen tinha um ressentimento para com Jimmy, porque este sempre lhe passava à frente. Alguns anos depois (e com Jimmy já morto), McQueen despudoradamente roubaria os maneirismos de James Dean em filmes como *Uma Chuva Pesada Vai Cair* e *A Bolha Assassina*. Certa vez Jimmy levou sua moto para consertar em uma oficina onde, casualmente, McQueen era o mecânico. Coisas assim.

Bem, estamos na primavera de 1954 e é chegado o fim da metamorfose. O ator está pronto. Jimmy está consciente da personalidade automodelada: sensual, espiritual, heróica e torturada. Ele está apto a expressar todas as complexidades da criatura que habita seu interior. Extremamente narcisista, sim,

JIMMY EM NOVA IORQUE

mas descontraído o bastante para dar a impressão de maleável. Tenso. Olhar profundo, postura que talvez lembre um *dandy* chapliniano, criando sempre uma situação onde possa desempenhar o papel central. Cada pose conta uma história: o solitário na grande cidade, a náusea, sensibilidade e dor profunda. Porém, ele caminha sem desespero. Atrás, um fotógrafo o segue. Trata-se de uma pose para a posteridade. Cigarro pendendo dos lábios, pose adotada da capa de um livro de bolso de Albert Camus. Existencialismo para consumo de uma juventude americana ou americanizável. A fantasia do herói saído de *O Mito de Sísifo* ou de *O Ser e o Nada* (este, do escritor "mais chato" de todos os tempos, Sartre). Jimmy incorpora a idéia do Existencialismo sem precisar ir tão fundo, lendo Kierkegaard. E assim como o Método, também o Existencialismo é adotado pela juventude americana dos anos cinqüenta de modo bem diferente do dos intelectuais franceses. O Existencialismo é adotado pelos *beatniks* como a primeira filosofia jovem. Dos jovens: uma forma de autopiedade curtida pela nova safra de moços. Tudo é motivo para vanglórias: falta de dinheiro, estômago vazio, vestir-se diferente da maioria. Como quem diz: "Tenho pouco tempo, deixe-me falar de mim mesmo". E com Jimmy é o seguinte: a não ser que esteja falando de si mesmo, ou que tudo esteja acontecendo para ele, as coisas simplesmente não estão acontecendo. Por isso é muito fotografado nesse período. Com um fotógrafo

JAMES DEAN

ele aprende os mistérios da fotografia. Mistério nenhum. Compra uma Leica. Seu tema favorito são composições abstratas usando elementos como facas e espelhos. Coisas *simbólicas* sem maiores significados. Jimmy adora surpreender e *épater*. É nesse período — outono de 52 — que ele embarca como marinheiro de primeira viagem num misterioso cruzeiro de iate pela península de Massachusetts; e depois em outro cruzeiro pelo Cabo Cod. No primeiro trabalha como marinheiro; no segundo também, mas deixa que o dono do iate saiba que ele é James Dean, um ator. O dono do iate é um produtor da Broadway, e Jimmy acaba conseguindo o principal papel em *Olhe o Jaguar*. É claro que tem de submeter-se a dois ou três testes. Mas passa em todos e ganha o papel de um rapazinho que fica trancado em casa, pela mãe, durante 16 anos, até que a mãe morre. Antes de morrer ela lhe entrega uma carta de recomendação e manda-o ao encontro de um homem que tomará conta dele (papel feito por Arthur Kennedy).

Nessa época Jimmy lê Jack Kerouac mas é muito ambicioso para sair curtindo a vida pela estrada afora, de carona. Ele quer mais e rapidinho. Mesmo assim, no outono — e antes de começar a ensaiar *Jaguar* — ele leva seus amigos Dizzy e Bill Bast para os dias santos de Ação de Graças na fazenda dos tios em Indiana. Como estão duros, ele e os dois amigos vão de carona. E os amigos ficam conhecendo o lado simples e campestre de Jimmy, seu amor pelos animais etc. Até o pai estava lá. Aproveita para fazer uma nova ponte para o sorriso de Jimmy, que a ponte velha estava frouxa. Voltando a Nova Iorque, ele começa a ensaiar *Olhe o Jaguar*. A peça estréia e é arrasada pela crítica — "obscura e tola", um equívoco — mas o trabalho de Jimmy é elogiado e ele desponta como revelação. A peça deixa o cartaz depois de cinco apresentações, um fracasso.

Jimmy deixa o apartamento que dividia com Dizzy e Bill e vai morar sozinho, pela primeira vez, na rua 68, num quarto que manterá seu até a morte. Um sofá-cama, uma mesa e montanhas de livros e discos. Sem TV. Um quarto de estudante. Discos clássicos, *jazz*, Big Maybelle cantando *Tweedlee Dee*. Enciclopédias e livros de bolso. Um quarto que transpira paz, trabalho, intimismo, silêncio e segurança. De Rimbaud a Baudelaire, passando pela *Criação do Universo* e Kafka, Lorca, Jimmy ama seus livros. Mesmo que não os leia, a simples presença deles já lhe basta. São como talismãs.

E faz cursos. Música com um, bongôs com outro, dança com Katherine Dunham. Ao amigo Bill Bast que, decepcionado com N.I., decide voltar à Califórnia, uma advertência: "Esqueça o resultado final. Lembre-se de que a gratificação vem durante o trabalho e não em seu resultado". Despede-se de Bill presenteando-o com um livro, o *Orlando*, de Virginia Woolf.

É então que ele conhece Barbara Glenn, jovem atriz que o entenderá profundamente e com quem ele

JAMES DEAN

namora, faz amor e será correspondente até quase o resto de seus dias. Juntos farão viagens, viverão, brigarão, até a ida de Jimmy para Hollywood, em 1954. Magra, alta, tão temperamental quanto Jymmy, direta, Barbara é a moça de que ele precisa no momento. Nessa época a Broadway começa, ainda que com muito moralismo, a exibir espetáculos tratando do homossexualismó. A peça *Chá e Simpatia* já está estabelecida como sucesso da temporada, dirigida por Elia Kazan, o diretor mais endeusado do momento, no teatro e no cinema. Ele, que projetara Marlon Brando. Trabalhar com Kazan é, então, o sonho de qualquer ator ambicioso, jovem ou velho. Pois bem: *Chá e Simpatia* é sucesso quando James Dean é escolhido para um papel secundário mas importante na adaptação para a Broadway do livro *O Imoralista*, do francês André Gide. *O Imoralista* gira em torno de Michel (papel feito por Louis Jourdan), um jovem senhor que na infância fora apanhado "fazendo bobagem" com outro garoto, no colégio, de onde é expulso e sai traumatizado. Já feitò, ele se torna arqueólogo, casa e ... só lendo o livro para entender por que Michel vai passar a lua-de-mel com a esposa em algum lugar da África árabe. Por tratar-se de um tema *entendido*, chega uma hora que a mulher de Michel (papel feito por Geraldine Page) sai para espairecer, deixando o marido só em casa com a criadagem. Michel dá pela falta da tesourinha da esposa. Desconfiado, chama um dos criados, o mais impertinente, corrupto e vicioso deles, Bachir (papel feito por James Dean). Bachir vai lá no tamborete e pega a tesoura. Aproveita a ausência da mulher de Michel para, de tesoura na mão, seduzir o arqueólogo com danças e cantadas pecaminosas. Jimmy, de Bachir, usa de todo o material que colhera para compor seu personagem, além do *djelaba* e da maquiagem escura (que odeia), para parecer um adolescente árabe.

A essa altura já estava sendo questionada a sexualidade de James Dean. Sabe-se que ele dividira quarto com muitos homossexuais em muitas moradas. Seu amigo Bill Bast escreveria mais tarde: "Uma vez fiz uma lista de pessoas que disseram que Jimmy Dean vivera com elas, e por quanto tempo. Se estivessem contando a verdade, de acordo com a lista e com os meus cálculos, Jimmy teria vivido 147 anos, quando morreu. Jimmy era ávido por experiências, claro, e, para fazer o melhor possível seu papel em *O Imoralista*, não duvido que ele tenha tido experiências homossexuais, para sentir como era a coisa por dentro".

Comenta-se também que muitas das primeiras oportunidades de Jimmy no cinema, no teatro e na televisão aconteceram graças à ajuda de alguns homossexuais novos e velhos, com quem ele morou e terá, possivelmente, dormido. Mas é provável que a vida sexual de Jimmy tivesse mais a ver com o relacionamento dele consigo mesmo, e com a imagem andrógina que ele projetava, recusando-se a ser apenas uma parte de si mesmo, mas ansioso por deixar viver suas outras múltiplas personalidades. Segundo David Dalton, autor do mais minucioso livro sobre James Dean — *The Mutant King* — "a ambigüidade da androginia é a sexualidade tradicional do *performer* clássico. O interesse de Jimmy pelo seu próprio corpo tem a qualidade auto-erótica de todos os grandes atores. O resultado da fusão de elementos masculinos e femininos está na magia da *performance* de Jimmy nos seus filmes, cativando as platéias. Quanto ao fato de ele ser ou não ser homossexual, é irrelevante. O corpo de James Dean era uma *performance* e não um recorde".

Em *O Imoralista*, interpretando Bachir, sem dar nenhuma pinta de Yvonne de Carlo mas atuando de homem para homem, James Dean cativa não só a platéia mas também a crítica (quase toda ela *gay*) que o elege Revelação do Ano, outorgando-lhe o mais importante prêmio teatral de Nova Iorque, o *Tony* (espécie de *Oscar* do teatro). Duas semanas depois de estreada a peça Jimmy pede substituição. *O Imoralista* será sua última experiência teatral na Broadway.

Rumo ao leste do Éden

James Dean deixa *O Imoralista* para trabalhar sob a direção de Elia Kazan, sim, mas não no teatro. No cinema, e no próximo grande filme do diretor. Originalmente, *Vidas Amargas* seria estrelado por

JIMMY EM NOVA IORQUE

Marlon Brando e Montgomery Clift, fazendo os irmãos gêmeos. Mas depois Hollywood pensou melhor e chegou à conclusão de que essa dupla faria do filme apenas um prato pesado para adultos. Brando e Clift, apesar de jovens ainda, estavam já passados para os papéis. É que Hollywood já descobrira que a próxima onda tinha de ser "jovem", isto é, adolescente, *teenage*. Kazan cuidava para que o trio juvenil central tivesse a química certa. Kazan ouvira de Jane Deacy, a agente de Jimmy, tudo a respeito dele em *O Imoralista* e de como ele era dotado de uma força sobre-humana e do carisma de um *superstar*. Kazan foi ao teatro conferir. Não teve dúvida. Jimmy é chamado para ser testado para o filme. No mesmo teste — e concorrendo ao mesmo papel — Jimmy teve ninguém menos que Paul Newman, ambos ícones nascentes com feições que acabariam tão facilmente reconhecíveis quanto Cristo, Mao Tsé-tung, Mickey Mouse, e, posteriormente, Che Guevara, Beatles etc.

Apesar de serem mais ou menos da mesma idade, Paul Newman projeta, então, a imagem do jovem adulto, ajuizado, podendo-se dele esperar nada que fosse imprevisível ou descontrolado; enquanto que de Jimmy flui toda uma corrente de alternâncias juvenis; do conturbado ao relaxado, com riqueza de gamas de vulnerabilidade adolescente, como quem pode desencadear uma erupção a qualquer instante. Jimmy ganha o papel, enfia suas roupas num saco de plástico e voa imediatamente para Hollywood, com

Elia Kazan, sendo esta sua primeira experiência aérea, a qual ele curte feito criança diante de uma novidade. Estamos em março de 1954. Jimmy está com 23 anos.

Jimmy e Paul Newman no teste de Vidas Amargas.

Vidas Amargas.

CAPÍTULO 4

UMA ESTRELA DESPONTA NO LESTE DO ÉDEN

John Steinbeck, um dos mais expressivos romancistas norte-americanos deste século (anos mais tarde prêmio Nobel e tudo), fascinado com as folias bíblicas, escreveu um livro de 600 páginas, chamado *A Leste do Éden*. Pois bem. O romance tem um personagem chamado Adão, que é fazendeiro na região de Salinas, Califórnia, no começo deste século. No livro, Adão apaixona-se por uma *eva* chamada Kate que, por sua vez, sente-se atraída pelo irmão de Adão. Na noite de núpcias ela dorme com o marido que, depois do amor, desfalece de bêbado. Então, sorrateiramente, Kate deixa o quarto e vai dormir mais um pouco, só que agora em outro quarto e abraçada pelo cunhado, Charles. Nove meses depois ela dá à luz gêmeos: Aron, filho de Adão, e Caleb, filho de Charles. Não muito tempo depois, insatisfeita, Kate abandona o marido e os gêmeos e, mudando-se daqui para ali, acaba indo dar na *zona*. Adão, decepcionado com o proceder da esposa, procura esquecê-la, permanecendo na fazenda e cuidando dos filhos. Quando já grandinhos e na idade de colégio, o pai muda-se com eles para outra propriedade rural nas cercanias da cidade. Faltam 90 páginas para terminar o livro e é a partir daí que o filme começa.

Elia Kazan tomou por base as últimas 90 páginas, calcadas na fase mais dramática da adolescência dos gêmeos, no período que antecede a Primeira Guerra Mundial. Segundo o autor do livro, toda a neurose humana vem da Bíblia, com Caim matando Abel. James Dean, logicamente, faz Caleb (no filme abreviado para Cal), o irmão "mau". Richard Davalos — descoberto por Kazan num cinema em N.I., onde trabalhava como vendedor de pipocas — faz Aron, o "bom". No filme, Cal vê tudo que acontece por trás das aparências. Quando não vê, sai procurando até encontrar; trata-se de um instintivo. Já Aron, não. Este só vê o que cabe àqueles cujo reino, pela própria natureza, é o dos céus. Conservador, reacionário e pacifista, Aron tem inclusive uma namorada, Abra (papel feito por Julie Harris).

A tônica de *Vidas Amargas* (título do filme aqui no Brasil) é concentrada no conflito pai-contra-filho e no tema da rebelião. Nos anos 50, depois da Segunda Guerra, os filhos começavam a questionar os valores da geração dos pais. E a ambição de Kazan sempre fora fazer filmes sobre a América, retratando seus anti-heróis. Kazan acreditava que *Vidas Amargas* pudesse servir como veículo para mudar a vida das pessoas, mostrando elementos da sociedade americana, conscientizando a população, lembrando-a do original espírito de revolução da América. Tudo isso através do desempenho de James Dean no papel de Cal: desafiante, desobediente, descompromissado, rebelde.

Enquanto Adão, o pai (representado por Raymond Massey), trabalha exportando alface para os estados do leste, Cal sai à procura da mãe. Aqui e ali ele apronta as suas e, depois de uma cena de briga no bordel, é expulso pelos homens de Kate, a cafetina (papel desempenhado pela respeitada Jo Van Fleet). Cal é levado preso. Ao sair da prisão, vê suas suspeitas confirmadas: o xerife (Burl Ives) conta ao rapaz que Kate é a mulher que abandonara Adão e os gêmeos etc. Cal ouve, fica frio e vai em frente. Nisso, o negócio de alface vai de mal a pior, para Adão; e Cal (que o tempo todo tem atrito com o pai que, dos gêmeos, prefere o ajuizado Aron), para ajudá-lo e provar que também não é de todo destituído, associa-se a um plantador de feijão, sugerindo a este um plano para ganhar muito dinheiro, com a guerra que vem se aproximando. Uma vez semeados os grãos, Cal deixa crescer e sai para outras aprontações. Vai a um parque de diversões onde, casualmente, encontra Abra esperando Aron. Enquanto esperam,

JAMES DEAN

Cal e Abra se divertem na roda-gigante ao som de *Ain't She Sweet* na trilha sonora. Depois, já em outra seqüência — e por outro motivo — os irmãos brigam e Cal acaba derrubando Aron com um soco. E o filme continua. Na festa de aniversário de Adão, Cal entrega ao pai uma vasta soma de dólares lucrados no negócio do feijão. O pai, zangado, repreende o filho, acusando-o de oportunista, aproveitando a guerra para ganhar dinheiro. E que Aron, o outro, é que é digno, maravilhoso. Revoltadíssimo com a ingratidão do pai, Cal chama o irmão para uma caminhada e, desviando, o conduz ao bordel, mostrando, ao inocente, Kate, a mãe — prostituta em deprimente fim de carreira. Aron sofre um desgosto tão, mas tão profundo, que, desiludido da vida, voluntaria-se para a guerra. Logo depois, da janela do trem, na hora da partida, Aron, bêbado, amaldiçoa o pai. O trem dá o apito de partida e segue em frente. O pai tem um baque e fica instantaneamente paralítico, jogando toda a culpa em Cal. Mas Abra, que finalmente reconhece amar Cal e não Aron, convence Adão a receber o filho. Com grande esforço Adão abençoa os jovens apaixonados. Feliz, por fim, Cal jura cuidar do pai. Fim.

Numa completa negação do velho conceito do herói, aqui acontece a satisfação de uma fantasia infantil: Cal desbanca o irmão e é finalmente aceito pelo pai. Analisando o filme, a crítica Pauline Kael acusou Kazan de falsidade. Pauline disse: "Esta é a nova imagem do cinema americano, mostrando o jovem como um animal belo e conturbado, tão cheio de amor e tão indefeso. Talvez o pai não o ame, mas a câmera, em compensação, o adora! A câmera oferece ao público um produto tão irresistível, exigindo desse mesmo público exclamações tipo — Olhe que desespero bonito!".

Mãezinhas e Namoradas

No começo dos 50, Hollywood passava por uma crise de falta de atrações. A indústria cinematográfica precisava desesperadamente de uma nova estrela. Em 1954 os grandes estúdios estão com 25 histórias prontas para ser filmadas; o difícil é conseguir elenco certo para essas histórias. Sendo o grosso do público formado por jovens entre 15 e 25 anos, o elenco de que Hollywood dispõe é constituído de atores já passados dos quarenta, com cabelos grisalhos ou rareando, ídolos de gerações agora adultas o bastante para não irem muito mais ao cinema. James Dean, então, chega no momento certo para ser a estrela final de Hollywood. E chega dizendo: "Não estou aqui para encantar a sociedade, estou aqui para trabalhar".

Hollywood sempre vivera de escândalos e colunas de fofocas. As duas fofoqueiras mais temidas — e faz tempo — são Louella Parsons e Hedda Hopper. Para vencer na meca é preciso conquistar a simpatia de pelo menos uma dessas duas senhoras. Louella, a

JAMES DEAN

mais careta delas, não se deixa levar pelo fascínio de Jimmy. Para ela, ele não é mais que um moleque pinta-brava, um fenômeno apenas passageiro em quem não vale a pena investir. Já a outra, Hedda, esta faz mais o gênero divertido da mulher-bicha, com sua coleção de chapéus exóticos e seu humor corrosivo. E, embora tendo ido armada de desconfiança ao primeiro encontro com a nova sensação, não demoraria muito para que Hedda se quedasse encantada pelo charme do moço, depois de vê-lo tão bom ator em *Vidas Amargas*, de tão forte personalidade, com ar de tão desprotegido, tão fotogênico que, "Oh!, a ele de mamar daria, fosse leite o caso".

Mas Jimmy já estava sabendo de certas manhas hollywoodianas. Então, o que fez? Ora, conquistou uma das duas jararacas do colunismo cinematográfico. E, tendo conquistado os favores de Hedda Hopper, ele, diante dela, desempenha agora o rapaz educado e gentil, um pouco "difícil", é certo, mas ainda assim bastante cordato e correto. Longe desta senhora ele apronta das suas, mas perto dela comporta-se. E Hedda, maravilhada, só escreve falando bem dele. Incompreendido sim, mas um gênio. E que graça de rapaz!

No fundo, Jimmy ri do modo como está sendo promovido. Mas, mais no fundo ainda, continua se levando a sério. Sai com várias *starlets* e modelos, não só para divertir-se mas sobretudo para efeito publicitário. Vai a uma estréia qualquer vestido de gala e acompanhado de Terry Moore — uma das novas bombinhas *sexy* — contratada para fazer *au pair* com ele na ocasião, sem com Jimmy trocar mais que seis frases, profissionalíssima. Ou então o nome dele é associado ao de Vampira (*née* Maila Nurmi), uma beldade oriunda da Europa, tipo setentrional, que está conquistando seu pequeno espaço como apresentadora de filmes de terror na televisão. Quando Hedda Hopper pergunta a Jimmy se ele está namorando Vampira, o jovem astro responde, tirando de letra: "Não saio com bruxas de história em quadrinhos". Hedda gosta da resposta e, com um sorriso misto de Gioconda com Joan Fontaine, publica a nota. Vampira lê. Foi como se uma estaca lhe tivesse trespassado o coração. Furiosa, jura vingança e faz mil *voodoos*. Ao ser questionada sobre o porquê daquele altar que mandara erigir no banheiro de um de seus aprendizes, com velas, fotos de Jimmy com membros tesourados e uma boneca de pano com mil alfinetes espetados, *plus* cobras e lagartos, além de outros astrais tão baixos quanto, a feiticeira retrucou: "Estou tentando salvá-lo de sua própria ruína". Coincidência ou não, sete meses depois aconteceria a tragédia.

Enquanto isso, celebridade instantânea, James Dean sai muito, adora a noite e a invejável companhia das mais destacadas garotas da nova safra. É gente disputando a chance de ser a primeira a assinar o cheque, nos jantares em restaurantes de luxo. Qualquer banalidade dita por ele ganha importância nos matutinos do dia seguinte. O mito cresce e cresce.

Jimmy sabe que o instante lhe pertence, como se em uma das mãos prendesse o "Foda-se" do Marlon Brando e, na outra, o "Por favor, ajudem-me", de Montgomery Clift. E quando, finalmente, conhece Brando e Clift, Jimmy também já está gozando do *status* de estrela. Do seu primeiro encontro com Brando ficaram algumas fotografias. Brando, que já havia trabalhado em dois filmes de Elia Kazan, fora fazer uma visita ao *set* de *Vidas Amargas*. Anos depois Marlon Brando confessaria ao escritor Truman Capote: "James Dean nunca foi meu amigo. Ele era, isto sim, fixado em mim. Ele me telefonava e eu, da extensão, o ouvia falando à telefonista, insistindo que eu lhe ligasse de volta. Deixava recados... mas nunca telefonei. Uma vez encontrei-o numa festa e ele estava tão perturbado que chamei-o de lado e disse: 'Você parece doente, está precisando de ajuda?'"

Está nos anais que o único e verdadeiro amor de James Dean foi a atriz italiana Pier Angeli, que Hollywood importara e estava lançando em *O Cálice Sagrado*, ao lado de Paul Newman. Jimmy e Pier se conheceram quando ela fora visitar as filmagens de *Vidas Amargas*. O romance teve imediata partida e logo toda a cidade tecia comentários. Pier deu uma pulseira de ouro e um porta-retrato com uma foto dela, de presente a Jimmy. O jovem par fazia tudo para manter o romance em segredo. Davam longos passeios de carro à beira-mar. Descobriram um bangalô na costa californiana onde se refugiavam dos olhares maldosos. Os dois se entendiam à perfeição. E se amavam tão loucamente que às vezes corriam mar adentro como se quisessem fugir deste mundo. Evitavam aparecer nas festividades cinematográficas e nos *night-clubs*. No isolamento total sentiam-se felizes e livres feito duas crianças. E juravam toda uma eternidade de amor.

De volta ao mundo real as coisas não eram tão fáceis assim. Primeiro, que a mãe de Pier não apreciava o namoro. Não gostava do jeito relaxado do rapaz, nem de suas camisetas e *jeans*. Nem de ele trazer a filha de volta tão tarde; muito menos de ele dirigir em alta velocidade; e menos ainda do fato de ele não ser católico. E não era só tudo isso. A Metro, companhia que trouxera Pier Angeli da Itália e que nela estava investindo uma larga quantia em dólares, e que a segurava sob as rédeas do contrato, também não via futuro para a moça nesse namoro. Por outro lado, Jane Deacy, a agente de Jimmy, abria os olhos dele, alertando-o de que o casamento poderia estragar sua carreira. Aquelas coisas. Jimmy diz a Pier que não quer ficar preso ao casamento. Os colunistas maldosos escrevem que a italianinha está domesticando Jimmy, tratando-o com *pizza* e outras massas. E que ele até dá a impressão de mais civilizado, já usando terno e gravata com naturalidade. Jimmy chega a confessar estar pensando em converter-se ao catolicismo.

Assim que termina de filmar *Vidas Amargas*, Jimmy faz uma rápida viagem a Nova Iorque. Na sua ausência, Pier Angeli anuncia o noivado com o cantor Vic Damone. O casamento é anunciado para daí a duas semanas. Chocado, ao ler a nota num jornal, Jimmy volta voando a Hollywood e, no dia do casamento, ele é visto do lado de fora da igreja, sozinho, sentado na sua motocicleta, aguardando a saída dos recém-casados. Quando os noivos deixam a igreja, Jimmy dá partida na moto, fazendo um ruído estrondoso, chamando a atenção de todos e desaparecendo na primeira curva. À imprensa ele diz que foi a família de Pier que, aproveitando da ausência dele, fez a garota mudar de idéia a seu respeito. Quanto a Pier, seu casamento com Damone não durou muito. Em 1959 eles se separavam, depois de muitas brigas pela custódia do filho. Em 1962, ela se casava com o maestro italiano Armando Trovajoli e, depois de quatro anos, quando se separaram, Pier confessou à imprensa que o único homem que ela amara fora James Dean. Em 1971, aos 39 anos, Pier Angeli foi encontrada morta por conta de uma *overdose*. A morte foi considerada "acidental".

Quanto aos motivos de Jimmy e Pier não terem se casado, uma das hipóteses mais comentadas na época foi a de que ele era uma pessoa imprevisível. Quando bebia uma dose a mais tornava-se violento e espancava a moça. É sabido também que mesmo depois de casada Pier costumava ter encontros furtivos com Jimmy.

Depois de *Vidas Amargas* Jimmy deixou seu apartamento nos estúdios da Warner, mudando-se para uma pequena casa num subúrbio de Los Angeles. Para esquecer Pier Angeli ele saía em companhia de algumas moças que estavam fazendo carreira em Hollywood, como a tesuda Lili Kardell; ou com Katy Jurado, a mexicana de olhos esbugalhados e gordos lábios; ou com Leslie Caron, a francesinha dentuça porém charmosa; mas, de todas, o único par constante — e com quem Jimmy realmente se divertia — era Ursula Andress, uma saudável e escultural beldade suíça que, na sua primeira entrevista, afirmara: "Sou a versão feminina de Marlon Brando". Mas, à sua eterna confidente Barbara Glenn, Jimmy escrevia: "Estou apaixonado por um cavalo que acabo de comprar. Seu nome é *Cisco Kid*. Penso em usá-lo no meu próximo filme. Odeio este lugar. Continuo virgem".

O Filho Pródigo

Depois do trabalho exaustivo que foram as filmagens de *Vidas Amargas*, e do romance frustrado com Pier Angeli, James Dean sentiu uma necessidade premente de ir para casa. Por "casa" entenda-se algo assim como umas férias, um repouso do guerreiro longe do campo de batalha. Então Jimmy decide voltar a Nova Iorque e depois a Indiana, seu estado natal, para uns dias com a família em Fairmount. Mas ele não faz essa viagem sozinho. Antes, leva consigo Dennis Stock, de 18 anos e fotógrafo. Os

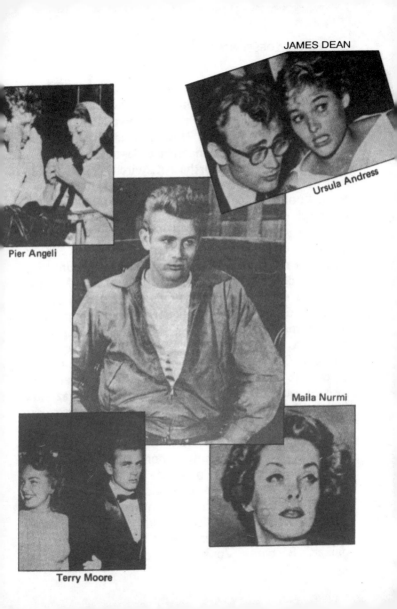

UMA ESTRELA DESPONTA NO LESTE DO ÉDEN

dois rapazes combinam que Dennis fará uma reportagem fotográfica sobre Jimmy para publicação na revista *Life*. Então eles partem. Estamos no final de janeiro de 1955. Em Nova Iorque, Jimmy visita todos aqueles lugares e encontra todas aquelas pessoas. Sai para dançar com Eartha Kitt, circula pela rua 42, revê Dizzy e outras ex-mais-ou-menos-namoradas; toma "bolinha" pela primeira vez (presente do ator e amigo Martin Landau), extrovertendo-se euforicamente; posa bastante e tão bem como só ele consegue — e sempre fotografado por Dennis Stock: lendo em seu quarto mais ou menos bagunçado; fazendo dança com Katherine Dunham etc. Mas ele e N.I. já não são mais os mesmos, um para o outro. Alguma parte de si ficara definitivamente perdida nas brumas do passado. O *insight* foi ainda mais dramático no encontro de Jimmy com sua querida Barbara Glenn. Chegando a Nova Iorque, Jimmy descobrira que Barbara estava para se casar. Ele insistiu que queria vê-la, por uma última vez que fosse, e, depois de muita relutância, Barbara acabou cedendo e foi ter com Jimmy no quarto dele. Lá chegando, encontrou-o com uma valise aberta e cheia de dinheiro. Jimmy ordenou que ela pegasse tudo mas Barbara não quis. Ele insistiu, lembrando-lhe que nos dois anos de convívio ela o tinha ajudado muitas vezes. Barbara achou um absurdo ele querer pagar-lhe pelos favores do passado. Não quis. Desesperado, Jimmy deixou escapar: "Você não pode me deixar, Barbara. Você não pode. Não podemos terminar assim".

Barbara deixou definitivamente claro que ia casar-se e que nada a faria mudar de idéia. E, para encerrar, disse: "Adeus Jimmy, quem sabe no futuro voltaremos a ser amigos". E saiu batendo a porta. Jimmy abriu a porta e, gritando, começou a atirar o dinheiro em Barbara, que fugia correndo escada abaixo. A última coisa que ela se lembra de tê-lo ouvido falar foi: "Quando eu morrer a culpa será tua".

No dia seguinte Jimmy e Dennis deixavam Nova Iorque rumo a Fairmount. Jimmy voltava à fazenda onde passara a infância e a adolescência, onde fora feliz e infeliz. Lugar onde experimentara também os êxtases só experimentáveis quando sentimentos e emoções encontram um tão maravilhoso cenário para sua dança vital. Assim que chegou à fazenda, Jimmy trocou as roupas citadinas pelas de trabalhador campestre. Dennis, o fotógrafo, ficou impressionado com a diferença. Agora a poesia falava mais alto. Para o jovem fotógrafo, mais que nas festas hollywoodianas, Jimmy na fazenda parecia estar perfeito no seu verdadeiro elemento. Espaço, vastidão para escapadas e, solitário, comunicar-se com as forças ocultas, inebriar-se com os elementos dessa deusa, essa mãe, a Natureza. Voltar a esse lugar, correr em seu solo, remexer suas raízes, alimentar os porcos, brincar com seu cachorro Tuck, provocar as vacas, e, feito Narciso, espelhar-se nas águas do lago onde outrora, menino, pescara com seus companheiros de folguedos (aqui o biógrafo consultou o *Aurélio*), e todo um etc., que só quem volta a uma fazenda em Indiana, e tendo por companhia um fotógrafo, para cada instante interessante registrar para a posteridade, sabe. Aqui o herói dirige, à perfeição, a sutil indústria de sua própria lenda. Um *all american boy*, o garoto típico do centro-oeste americano. Um futuro ícone do século vinte.

Jimmy ouvindo as histórias do avô naqueles dias de inverno quando também visitou a cidade e o cemitério, além de, na véspera, ter comparecido ao baile dos namorados. Em todos os momentos Dennis Stock captava a inocência de Jimmy — uma inocência agora estudada, é claro, mas bastante representativa desse *mood* que, uma vez perdido, é quase impossível representá-lo. Mas Jimmy era um grande ator, por isso, representar a inocência, no lugar onde a vivera, para ele era quase que um *hobby*. Tio Marcus e tia Ortense. A prima Joan estava ausente de Fairmount, talvez casada e morando em outra cidade, talvez na capital. Mas havia, agora, o priminho Markie. E a constante vivacidade dos avós.

Nem a senhora Nall faltaria a esse encontro. Sua primeira mestra na arte de representar apareceu para vê-lo, na casa dos avós. Depois ele foi dar um passeio com ela na rua principal. A senhora Nall deu-lhe alguns conselhos e pediu-lhe que nunca deixasse de ser bom e que não se perdesse em Hollywood. Mestra e pupilo discordaram em alguns pontos mas despediram-se amistosamente. Ela foi para a casa dela e

Jimmy para a fazenda dos tios, com Dennis.

A reportagem fotográfica de Dennis Stock sobre James Dean foi publicada na *Life* de 7 de março de 1955. "Jimmy sabia que jamais voltaria à fazenda, por isso queria deixar registradas as imagens de sua última visita", disse Dennis. Quanto ao trabalho fotográfico de Dennis Stock, hoje, três décadas depois, está reproduzido em cartões postais glamurizados na magia do preto-e-branco & sépia, espalhados internacionalmente pelas livrarias especializadas e lojinhas de bricabraques e *vintage art* do mundo: Londres, Paris, Nova Iorque, Milão, Tóquio...

Na aula de dança com Katherine Dunham.

CAPÍTULO 5

JAMES DEAN E A SÍNDROME DA JUVENTUDE TRANSVIADA

Juventude Transviada, *um poster.*

Antes do filme existia o livro, escrito por um tal de Robert M. Lindner. E a Warner comprara os direitos de filmagens de *Rebel Withot a Cause* (*Juventude Transviada*, no Brasil) em 1946. O livro começara a ser adaptado para cinema em várias ocasiões; mas só em 1954, quando o diretor Nicholas Ray sugere fazer o filme com James Dean no papel central e conta aos figurões da companhia algumas das idéias que tem na cabeça, o estúdio fica feliz: aquilo prometia o milagre que a Warner pedira a Midas. A seu crédito, Ray tinha uma série de filmes bem-sucedidos, além de ter dirigido atores como Humphrey Bogart e James Cagney. Seu mais recente sucesso fora *Johnny Guitar*, um *western* psicológico, barato — estrelado por uma Joan Crawford quarentona e, como Johnny Guitar, Sterling Hayden, um bofe do segundo time e também já meio madurão. *Johnny Guitar* impressionara a crítica e o público. A seguir, Nicholas Ray estava querendo fazer o filme que ainda não fora feito, colocando o problema da delinqüência juvenil no seio da classe média alta. Ray entendia o paradoxo de garotos ricos que roubavam carros, com as garagens de seus pais cheias deles. Ele queria que seu novo filme fosse uma síntese consciente daquilo que já estava acontecendo na América. *Juventude Transviada* iria sugerir alternativas para condições existentes em vez de, simplesmente, se opor a essas condições. *Romeu e Julieta* sempre pareceu ao diretor a melhor peça escrita sobre delinqüência juvenil. Ele queria que seu filme contivesse o mesmo sentimento de Romeu e Julieta nos personagens de Jim e Judy e suas famílias. Em seu filme, Ray seguiria a fórmula clássica da tragédia shakespeareana, com a diferença de que Jim e Judy não morreriam e sim outros personagens do elenco de apoio. Então, confiando nele, a Warner lhe dá uma espécie de *carte blanche*. E fazendo parte da nova escola de trabalho coletivo que estava começando a vigorar nos anos 50, Nicholas Ray encontra em James Dean a tensão muito especial que vinha procurando nos atores durante toda sua carreira, até então. Mas sequer imaginava que Jimmy, por seu próprio entusiasmo, contribuiria com muito mais. Desde os primeiros preparativos o ator trabalha muito perto do diretor, e muitos dos que participaram da realização de *Juventude Transviada* afirmaram, depois, que J. D. merecia ser creditado como co-diretor do filme.

À cata de material, o diretor, o ator principal e outros membros da equipe freqüentam casas de adolescentes, escolas e distritos policiais. A polícia simpatiza com o diretor e oferece seus préstimos. Ray sai nos camburões com policiais de ronda e, em outras ocasiões, conversando com adolescentes, estarrece-se ouvindo suas histórias, suas frustrações, suas crueldades, captando o sentimento de isolamento deles e seus ressentimentos para com suas famílias.

Para adaptar a história para filme, o escritor escolhido acaba sendo Stewart Stern — jovem na casa dos 20 anos — que depois, orientado por Ray, aproveitará as idéias de toda a equipe, somando-as às suas e contando com a participação, nos palpites, situações e diálogos, de todo o jovem e entusiasmado elenco. O resultado acaba sendo um roteiro enxuto, provocativo, com forte carga psicológica e apropriadamente cósmico. Uma história pronta para as câmeras.

O diretor está contente. O roteiro é ótimo e o ator para o papel de herói, perfeito. A escolha do resto do elenco é que não foi fácil. Ray não queria sacrificar o filme enchendo-o de estereótipos. Centenas de adolescentes se apresentaram para os testes. Até Jayne Mansfield pintou para ser testada. Mas não cabem aqui detalhes, nem os truques espertíssimos da ex-atriz infantil Natalie Wood para conseguir o papel de Judy. O outro ator escolhido para completar o trio central foi Sal Mineo (que já vinha de pequenas participações em outros filmes). O que chamou a atenção de Nicholas Ray para Sal Mineo (16 anos) foi que esse rapazinho, por sua extrema delicadeza, destacava-se dos outros candidatos aos papéis de membros da gangue, todos rudes. Corey Allen, Dennis Hopper, Nick Adams, entre os nove quase todos não-profissionais escolhidos para o bando.

Com tudo pronto, as filmagens têm início em março de 1955 — primeiro em preto e branco. A intenção da Warner é fazer um filme barato que fature milhões. Como *Sementes de Violência*, da Metro, o primeiro a propagar para o mundo o *rock'n' roll*, e *O Selvagem*, lançando Marlon Brando como o protótipo do motoqueiro — dois filmes com temática de rebeldia juvenil, lançados no ano anterior com muito sucesso.

Depois de uma semana de filmagens e de ter assistido aos primeiros copiões, os produtores mandam suspender o trabalho para começar tudo de novo. É que está ficando bom demais e o estúdio quer que, agora, seja em cores. De fato, é o único filme bom entre todos os filmes que a Warner está rodando. O elenco adolescente, que tinha dado a alma na primeira semana de filmagem, ficou *mordido* por ter de recomeçar. Mas quando o diretor mostrou o copião à garotada, e a meninada sentiu como a coisa ficaria em cores, ah!, foi aquele entusiasmo para começar de novo. Só.

Em cores a fita recebe todo um outro tratamento. Nas roupas dos atores, na saia verde de Natalie Wood, no blusão vermelho de James Dean. As cores do filme são um estudo em vermelho e azul, numa combinação tão abrasiva quanto a própria adolescência. François Truffaut escreveria, no *Cahiers du Cinema*, que o uso das cores nesse filme é como *"une palette en feu"*, apocalíptico. E as cores vão-se transmudando, simbolizando a evolução dos personagens.

Juventude Transviada abre com uma idéia que o próprio James Dean dera ao diretor: ele vem caminhando, bêbado, por uma rua semideserta em noite relativamente fria (para a Califórnia). Daí ele cai e, já que embriagado, rola em sonhos de Narciso solitário conflituado com o mundo que o cerca. Encontra um macaquinho de brinquedo, conversa com o animal e o protege do frio, cobrindo-o com uma folha de jornal. Enquanto acontece a seqüência, vão rolando os créditos do filme, tendo como fundo sonoro a música densa e tensa de Leonard Rosenman. Corte.

Jim Stark (James Dean) vai parar no Distrito Policial, preso por embriaguez e desordem. No mesmo distrito estão dois outros adolescentes: Judy (Natalie Wood) e Plato (Sal Mineo). A mocinha foi presa por vagabundagem altas horas da noite, fazendo um tipo meio suspeito, misto de prostituta da Babilônia com Shirley Temple; e o rapazola, por ter atirado num cachorrinho.

JAMES DEAN

É bom lembrar que a ação do filme se passa toda em um dia. Jim Stark quer tornar-se homem e rapidamente. O problema que o filme enfrenta e resolve é mostrar, no percurso desse dia, como ele consegue começar a se tornar homem. Homem no sentido adulto da palavra.

No seu primeiro dia de aula na nova escola (o pai tem um emprego que o obriga a estar sempre mudando de cidade), Jim Stark (que, por isso, sente-se sempre deslocado) tenta fazer amizade com a garota da casa ao lado, que é a própria Judy. Ela o esnoba. Já tem um namorado, Buzz (Corey Allen), um dos líderes da gangue. Quando chega à escola, Jim Stark percebe que esta é dominada por um bando de machões. Jim fica frio. Entrando no recinto onde cada estudante tem seu pequeno armário, ele depara com Plato. O guri estava admirando a própria imagem no espelho de seu armário. Através do espelho Plato percebe a presença de Jim. E pelo olhar lânguido e cheio de ambigüidade que Plato lança a ele e mais o retrato de Alan Ladd pregado ao lado de seu espelho, fica entendido que o moço tem problemas homossexuais. Jim Stark é informado de que a primeira aula será no planetário e ruma para lá. Corte.

Na seqüência do planetário não resta a menor dúvida quanto às intenções cósmicas da fita. A tensão começa com o professor dando uma aula sobre o universo. Em se tratando de um planetário, a sala está escura; uma réplica gigantesca do céu, como se a terra fosse apenas ele, o professor, e mais os alunos e seus conflitos humanos e psico-estelares. A música cósmico-melodramática de Leonard Rosenman dá a impressão de que a mão do Divino está bem próxima, pesando sobre suas cabeças. E o curioso é notar que, tratando-se de uma fita "estudantil", a única matéria ensinada é... Astronomia!

Bem, então o professor continua: "Por muitos dias antes do fim de nosso planeta, as pessoas olharão o céu à noite e perceberão uma estrela, crescendo em brilho e aproximação".

No que o professor acaba de dizer essa frase, entra James Dean anunciando seu nome *Jim Stark* (todos os alunos quando entram na aula são obrigados a anunciar seus nomes). Como Jim chega atrasado e sozinho, depois daquela frase do professor, fica patente que a estrela, no caso, é ele. Corte.

Durante a aula constelações vão se destacando no céu do planetário, enquanto o professor segue poetizando sobre elas. Aproxima-se a constelação do Touro. Jim Stark, para tentar um entrosamento amistoso com os novos colegas, tenta, através de seu humor, um "muuu", imitando mugido de vaca. Os rapazes não gostam nada, especialmente Buzz, destacado no bando por ter um certo carisma e por ser o namorado de Judy. Mais tarde Buzz & bando, procurando brincadeira, decidem provocar Jim. Querem ver até onde o calouro agüenta. Plato, que Jim avistara no Distrito e que, por não conseguir disfarçar a androginia, é sempre vítima da gangue, vem e avisa Jim de que o bando quer pegá-lo; e lhe mostra uma *vila* abandonada onde tem um casarão ótimo para esconderijo. No semblante de Plato nota-se um não-sei-quê de fatalidade. Corte.

Nem Corey Allen nem James Dean haviam brigado de faca, antes. Por sorte, entre os jovens atores tinha um que era assim uma espécie de chefe de sua própria gangue, na vida real; ele ensina de bom grado aos dois rapazes. Jimmy e Corey mostram-se nervosíssimos. Especialmente Corey, sabendo que Jimmy exige tudo o mais real possível. Os dois atores mal vinham se falando durante as filmagens, embora Corey se mostrasse sempre hipersensível na presença de Jimmy. O diretor quer que a briga de faca mostre toda a força que há na tensão, no poder e nas ondas sexuais do bando. Desde as meias de nylon transparente nas pernas de Natalie Wood até o atrevido rabo-de-cavalo e o jeito *biscate* de Beverly Long. Três câmeras Cinemascope cobrem os ângulos e os dois atores parecem estar brigando de verdade. Por esta cena James Dean mostra que as aulas de dança com Katherine Dunham foram mais valiosas que o *Actors Studio*. Seu jeito de brigar é rico em expressão corporal e faz lembrar uma tourada. Jimmy leva dois cortês. O sangue escorre por trás da orelha e o diretor, apavorado, grita "CORTA". Jimmy fica uma fúria. Não queria que cortasse. Estava dando tudo nela para ficar verdadeira e agora, porra, repetir tudo de novo! No final da seqüência Jim Stark vence.

As coisas pioram nas seqüências seguintes. Para

provar-se ainda mais macho, o teste seguinte é aquilo que na época, aqui em São Paulo, os rapazes do gênero chamavam de "roleta paulista", ou seja, filhinhos de papai apostarem corrida de carro roubado tratando de pular fora à beira do abismo. Quem saltar primeiro é considerado *"chicken"* (franguinha).

Jim Stark, claro, moço no fundo ajuizado, não vai entrando assim, nessa. Vai falar com o pai, pedir sua orientação. Mas o pai (Jim Backus), sobrecarregado por problemas de idade e de rotina, não tem a mínima energia para orientar o filho. Quanto à mãe (Ann Doran), esta é a típica senhora meia-idade classe-média americana: antes de mais nada a preocupação com a própria aparência; a seguir, todo o resto dedicado ao marido, cujos problemas ela considera mais importantes que os do filho. Sem contar que os diálogos familiares, no filme, são carregados de clichês psicológicos pesadamente freudianos. Então Jim vai à luta. Ou melhor, à corrida fatal. Antes de entrarem em seus carros os dois rapazes conversam particularmente e revelam seus sentimentos mais íntimos: que no fundo se estimam muito. Estão sendo sinceros. No instante de saltar, a manga de Buzz fica presa na maçaneta e ele não consegue escapar do carro, indo com este em chamas pro beleléu. Corte.

Jim Stark se julga responsável pela morte daquele que, num último instante de vida, passara a ser seu melhor amigo; corre a pedir ao pai uma orientação.

JAMES DEAN

Entra em casa sorrateiramente passando antes pela cozinha. Abre a geladeira e tira uma garrafa de leite — o uso do leite, no caso, é freqüentemente analisado como carência de afeto maternal; dá uma golada no bico e passa a garrafa gelada no rosto, para refrescar a cuca quente. A seqüência chega a ser hipnótica, em sua dor e sexualidade. De novo o pai não sabe como orientá-lo e de novo Jim Stark sai de casa. Desorientado, procura Judy. Juntos vão à casa abandonada que Plato indicara. Este, levado pela intuição, vai encontrar o casal lá e diz a Jim que o bando de Buzz está à procura dele, temendo que ele fale à polícia, envolvendo todos. A seguir, e por alguns momentos, os dois rapazes e a moça experimentam o conforto e o aconchego da paz e do afeto: saem pela mansão, como que brincando de casinha; liberando a inteligência e a imaginação eles reconstroem um novo mundo das ruínas do passado. E sonham em alugar a *vila* abandonada. Idealizam uma família: Jim, o pai; Judy, a mãe; e Plato, a criança. Produto de um lar desfeito, Plato pela primeira vez encontra segurança em companhia do jovem par e confessa a Jim que ele é seu primeiro amigo. Judy cantarola uma canção de ninar e Plato adormece. Jim e Judy decidem dar uma volta, a sós, pelo casarão. Encontram um canto e, jovens repentinamente amadurecidos, têm um diálogo existencial e consciente, trocam o primeiro beijo (é o primeiro beijo "adulto" de Natalie, no cinema. *Off camera* Jimmy sussurra uma piada infame no ouvido dela). Chegam à conclusão de que se amam e fazem planos para o futuro. Corte.

O bando de Buzz, invade a *vila* e acorda Plato. Aterrorizado, este se defende atirando em um dos rapazes. E foge, de arma na mão, acabando por encontrar Judy e Jim e, enciumado, acusa-os de o terem abandonado. Baratinado, Plato corre, desce a colina e se esconde no planetário. Jim e Judy também correm para para lá. E o bando, claro, também vai atrás. Assim como a polícia com suas armas e holofotes, e mais membros da família dos envolvidos e da comunidade etc.

Dentro do planetário, a sós com Plato e vendo o amigo todo trêmulo, Jim lhe propõe uma troca: dá-lhe seu blusão e Plato lhe entrega o revólver para que as balas sejam removidas. Jim devolve a arma sem balas a Plato. E tenta convencer o amigo a se entregar; mas este, repentinamente cegado pelos holofotes policiais apavora-se, ameaça Jim com a arma vazia gritando-lhe "Você não é meu pai". E a polícia, achando que Plato vá atirar em Jim, atira em Plato. Que cai morto. Desesperado, Jim estende a mão cheia de balas para a polícia, explodindo: "Mas as balas estão comigo". Aos prantos, cai sobre o corpo de Plato, o segundo amigo que perdera no mesmo dia. O pai de Jim aproxima-se para consolar o filho e percebe que este se tornara homem, finalmente; e que também encontrara uma companheira, em Judy. Aí, como no final de uma tragédia grega — com a presença dos personagens principais e mais o povo da cidade representando o coro, chega o professor para encerrar o filme. E enquanto todos vão se afastando lentamente, o professor vai subindo as escadas do planetário. É o mesmo professor que dera, ali no mesmo local, a aula sobre o fim do universo. Vestindo um *trench coat*, o professor sente que algo se passara mas não sabe exatamente o quê. E como um artista assinando a obra, o personagem do professor é interpretado por Nicholas Ray, o diretor do filme.

O final feliz de *Juventude Transviada* é apenas aparente. Acredita-se que o triunfo de Jim Stark nesse cenário é também o triunfo de uma força social positiva. No fim ele convence os pais de suas falhas, conquista o amor da moça e ganha *status* de "adulto". Mas a fita termina lançando perguntas. Ao terminar o filme nós não acreditamos realmente que os problemas de Jim e Judy também acabaram. O que vemos é apenas uma trégua na guerra, enquanto se prepara o palco para a próxima batalha. E ao contrário de seus pais, Jim Stark experimenta a dor que vem das incertezas da transição e dos perigos da evolução. A dor é um dos sinais vitais da existência. Analisando o filme, David Dalton chega à conclusão de que, nele, James Dean não é meramente uma estrela mas uma massa de energias em busca de forma; e sua necessidade de estar no centro dessa massa é uma atração impossível de resistir. Por essa alquimia, *Juventude Transviada* foi tão influente para a mudança do comportamento jovem nos anos 50. Mais do assunto depois, lá pro fim. E arrasando.

CAPÍTULO 6

"GIGANTE" E O FIM DE UM PEQUENO GRANDE MOÇO

A essa altura Jimmy já está deixando transparecer sintomas de certo cansaço da vida artística (ainda que talvez provisoriamente) para dedicar-se a um esporte muito, mas muito mais arriscado: o de piloto de provas em automóvel de alta velocidade. É bom lembrar que o garoto ainda cursava o ginásio em Fairmount, quando o tio lhe dera de presente a primeira motocicleta. Depois ele teve várias outras. Em Hollywood teve um MG, uma camioneta Ford, uma moto Triumph, um Lancia e dois Porsches. O primeiro Porsche, seu primeiro carro de corrida, ele comprara durante a filmagem de *Juventude Transviada*. Freqüentava então as corridas do Sports Car Club. No clube era tratado como qualquer outro piloto. Jimmy corria na categoria de principiante. Mas, como tudo que fazia, não ficaria muito tempo em categoria tão amadora. Já começava vencendo as preliminares. Um mecânico que também competia nessas corridas afirmou que Jimmy era bom piloto mas que nunca seria um dos grandes. O problema com Jimmy é que ele se preocupava demasiadamente com os outros corredores. Esquecendo-se do próprio pescoço, fazia tudo para não prejudicar o pescoço dos outros. Não se vence prova agindo assim, disse o mecânico. Por outro lado, o objetivo dele era a velocidade, encurtar o máximo o caminho entre o aqui e o lá. E confessava: "Só correndo me sinto inteiro". Na corrida ele se livrava dos estigmas que o perseguiam. A corrida era, para ele, um treinamento muito especial: ir o mais longe o mais rápido possível. Dizia que não passaria dos 30 anos. Morreria cedo. A prova em que se saiu vencedor, em Palm Springs, mostrou que, como piloto, ele não era destro. De fato a maioria o achava um péssimo piloto, sem futuro no ramo. Escapara muitas vezes por puro milagre. E gostava de repetir o clichê "Viva rápido, morra jovem e seja um cadáver atraente". Chegou a fazer um comercial para o Comitê Nacional das Estradas, onde dizia a frase: "Dirija com cuidado porque a vida que estiver salvando poderá ser a ... minha".

Jimmy nem tivera tempo de descansar de *Juventude Transviada* para começar a filmar *Gigante* (nota: o título original é *Giant*, do livro de mesmo nome, escrito por Edna Ferber. No Brasil o filme recebeu o título de *Assim Caminha a Humanidade*. Por ser muito longo, usarei aqui *Gigante*, porque além de tradução fiel do original, ocupa menos espaço).

Gigante é uma alegoria ao vasto estado do Texas, assim como ao mito de Hollywood e à grandeza dos Estados Unidos. Jimmy estava excitado com esse novo filme porque trabalharia com George Stevens, diretor da velha guarda, que realizara todo um colar de sucessos estrelando atores da estirpe de Fred Astaire, Spencer Tracy, Cary Grant, Montgomery Clift e Alan Ladd. Em *Gigante* ele contracenaria com Elizabeth Taylor e Rock Hudson, duas das maiores estrelas do momento, verdadeiros campeões de popularidade. James Dean já era uma estrela em Hollywood antes mesmo que seus filmes houvessem sido lançados. Mas em termos de fama mundial estabelecida, Elizabeth Taylor era a ESTRELA. Trabalhar com uma *star* do naipe de E.T. tornava a coisa toda ainda mais excitante.

Na festa que a Warner ofereceu à imprensa e convidados para anunciar o início das filmagens, Jimmy já apareceu fazendo o *Método*, isto é, encarnando o personagem, agora de nome Jett Rink, peão dos Benedicts (Rock Hudson e Liz Taylor) em uma propriedade rural enfiada num deserto do Texas. Apareceu com chapéu de vaqueiro, botas, cinturão, *jeans* e uma velha camisa de flanela vermelha. Mas, quando o filme começou, ele deparou com as enormes diferenças entre Stevens e os dois outros diretores com quem trabalhara. Stevens não era "diretor

JAMES DEAN

de ator" e não construía seus filmes em torno de *performers*. Para Stevens, atores são simplesmente peças de um jogo repleto de outros elementos. Apesar de estar exaurido das filmagens de *Juventude Transviada,* o novo filme o exauriria de outra maneira. Em *Gigante* ele não poderia interferir em nada, com suas idéias criativas. Stevens estava no controle de tudo. Jimmy era apenas um entre tantos outros no elenco. Isso o tornava ensandecido. Imagine o leitor que Jimmy chegava ao estúdio para filmar às oito horas da manhã e muitas vezes tinha de ficar o dia inteiro esperando que o diretor o chamasse para rodar apenas uma de suas cenas. Certa feita ele esperou o dia inteirinho e não foi sequer filmado. No dia seguinte ele simplesmente não voltou. No terceiro dia, possesso, o diretor levou o atorzinho irresponsável à presença do dono da companhia, Jack Warner, dizendo ao magnata que James Dean devia ser chutado fora de Hollywood (depois de terminar *Gigante*, claro). Jimmy, muito vivo, defendeu-se assim: "Apesar de estar trabalhando numa fábrica, não sou uma máquina". As relações ator e diretor a partir daí tornaram-se tensas. Tiveram de chamar Hedda Hopper para que esta interviesse junto ao "monstrinho". E à *tia* Hedda, Jimmy desabafou assim: "Stevens tem sido horrível comigo. Fico lá sentado três dias, sem fazer nada, obrigado a assistir às cenas de amor entre Rock Hudson e Elizabeth Taylor. Sei muito bem o que ele está querendo".

Hedda sorriu e, com ar complacente, ajeitou o

chapéu e retrucou: "Mas Jimmy querido, entendo perfeitamente que George não faz seu gênero, mas você tem que entender que por trás de tudo existe o produtor, o homem que durante dois anos batalhou para levantar dinheiro para o filme...".

Sendo um *quaker* e tendo passado a infância ouvindo fábulas bíblicas, Jimmy aprendera que com serpente não se brinca e, afetando inocência, à *tia* Hedda respondeu: "Eu nem tinha pensado nisso". A partir de então — mas sempre até certo ponto — ele comportou-se. E assim acabaram as filmagens nos estúdios da Warner, em Hollywood. O próximo passo seriam as filmagens em locação num deserto do Texas. E até a viagem, alguns dias de folga. Três dias antes do embarque o diretor fica sabendo que Jimmy inscrevera-se para uma competição numa corrida em Palm Springs. Stevens chama o ator e diz: "E o que acontecerá se você quebrar um braço ou algum outro membro, você não vai poder filmar de braço engessado, vai?". Então Jimmy desistiu da corrida.

Assim Caminha a Humanidade

Sinopsando a fita, *Gigante* começa com Bick Benedict (Rock Hudson) num trem rumo a Virgínia, onde pretende comprar um cavalo de corrida. Virgínia fica ao norte e é um dos estados mais aristocráticos da federação. Nesse cenário, Bick, jovem milionário texano, apaixona-se por Leslie (Elizabeth Taylor), filha do criador de cavalos. Duas semanas depois se casam, e ele retorna ao Texas levando junto a mulher e o cavalo. Quando chegam às terras dele, tudo que a moça de Virgínia vê é uma grandiosa mansão gótica (de nome Reata) feito sinistro oásis no meio de três milhões de acres de deserto. Instantaneamente Leslie sente que aquilo não é o romântico oeste da lenda, que ela imaginara. Bick apresenta a aristocrática esposa a Luz (Mercedes McCambridge), sua irmã, mulher de maus bofes, solteirona e horrorosa. Luz, na verdade, é quem dirige as terras, com punhos de aço. Luz não vai com a cara da cunhada e, só de maldade, mostra aos recém-casados os quartos em que dormirão, separados. A jovem de Virgínia vai achando tudo aquilo um tanto esquisito e fica petrificada quando um dos empregados, o rebelde Jett Rink (James Dean), a leva para conhecer a miséria em que vivem as famílias mexicanas, no vilarejo não muitas milhas dali. Então é assim que o marido trata seus empregados?, pensa ela. Usando o dinheiro apenas na expansão da propriedade? Leslie resolve então dedicar sua vida à cruzada pela melhoria das condições dos pobres. E os anos vão passando. Leslie e Bick têm, agora, dois belos filhos, um casal. Bick tem certeza de que um dia o sucederão no feudo. Mas a vida do casal torna-se monótona e Leslie não pára de importuná-lo, para que melhore a vida dos empregados. Depois de uma grave discussão, Leslie, irritada, volta para Virgínia, levando

"GIGANTE" E O FIM DE UM PEQUENO GRANDE MOÇO

consigo os filhos. A vida refinada de sua terra natal ainda a atrai mas, com saudades do marido, ela fica alegre quando ele finalmente vem buscá-la. Enquanto isso, lá no Texas, Luz, a teimosa irmã de Bick, na ausência dele, dirige as terras com muito pique. Ela odeia a cunhada, e intuindo a volta de Leslie, instiga o ambicioso Jett Rink a provocá-la. E ali mesmo Luz pega o puro-sangue, que o irmão trouxera de Virgínia, decidida a montá-lo. Montado por tal virago, o cavalo relincha. Luz o esporeia. O cavalo dá um coice, salta e atira Luz fora da cela. Luz se quebra toda e morre.

Bick, Leslie e filhos chegam a Reata. Consultando o testamento da irmã, Bick horroriza-se ao ver que ela deixara sua parte nas terras para o petulante empregadinho Jett Rink. Bick quer comprá-la de volta, mas Jett, em tom de escárnio, recusa-se a vendê-la. Convencido de que fará fortuna, Jett Rink apega-se à propriedade. Nesse meio tempo, Leslie descobre um bebê cuja mãe está seriamente doente, no vilarejo dos mexicanos. Ela adota o bebê, que se chama Angel (já mocinho, do meio pro fim do filme, o papel de Angel será feito por Sal Mineo). Na volta, passando em frente à porteira do rancho de Jett Rink, este convida Leslie a entrar para um chá e um dedo de prosa. Leslie não esconde certo afeto materno pelo rebelde. Quando, depois de despedir-se dele, e caminhando para seu carro, Leslie pisa na lama, Jett, indo socorrê-la, percebe algo oleoso e de cor preta no sapato da jovem senhora. Ele fica frio e Leslie parte. E, quando todos pensavam que, falido, Jett Rink venderia as terras a Bick Benedict, ele arranja dinheiro emprestado com terceiros e, desvairadamente, trabalha nas perfurações até que o petróleo começa a jorrar sem parar. Eufórico, Jett toma um banho de petróleo, como se gozasse junto com a terra, imaginando todos os milhões que advirão daí. Jett Rink demite-se do emprego jurando a Bick arruiná-lo financeiramente. Milionário, Jett funda a Jettexas Company, constrói um complexo motel-aeroporto e torna-se o magnata do pedaço.

Passam-se muitos anos e Jett Rink agora é um senhor poderoso; alcoólatra, mas ainda levando vida extravagante, passeando pela cidade dirigindo um chocante conversível branco. Nisso, os filhos de Leslie e Bick já estão moços feitos. Jordy (Dennis Hopper) quer desligar-se dos negócios do pai, pretendendo tornar-se médico dos pobres e casando com uma mexicana (Susan Kohner). Sua irmã, Luz II (Carroll Baker) — louríssima e um tanto estouvada, almeja ir para Hollywood e tornar-se estrela de cinema. Mas começa um romance com ninguém menos que o próprio Jett Rink, 20 anos mais velho que ela, além de eterno inimigo de seu pai.

Na inauguração do novo e luxuoso hotel de Jett, o filho de Bick é barrado porque está acompanhado de sua esposa mexicana; depois ela também é barrada no salão de beleza do hotel por ser considerada gentalha (mexicana). Jordy investiga para saber de onde

"GIGANTE" E O FIM DE UM PEQUENO GRANDE MOÇO

vem a perseguição e, claro, vem de Jett Rink. Jordy procura Jett para dar-lhe uma sova mas os guarda-costas do magnata o derrotam. Bick, ao saber do incidente, jura matar Jett. Mas encontra o ex-empregado em crise existencial, bêbado e desamparado. Bick retira-se aborrecido. Como tudo se passa numa festa, onde Jett homenagearia pessoas do lugar e seria por elas homenageado, todos os presentes vão-se retirando e o discurso que Jett pretendia fazer aos convidados acaba fazendo para si mesmo, sozinho, no meio do qual desmaia. E o filme termina em anticlímax: o corpo de Angel (Sal Mineo), morto na guerra da Coréia, é enterrado no cemitério local, enquanto a bandeira norte-americana é hasteada ao vento e a câmera vai focalizando os rostos patéticos das crianças tex-mexicanas.

Os "Climas" Durante as Filmagens

Muitos foram os episódios interessantes envolvendo Jimmy durante as filmagens de *Gigante* em locação. Parece que o lugar era péssimo, uma cidadezinha perdida numa região deserta e árida, totalmente destituída de maiores confortos. O lugarejo só tinha um hotel, de nome *Picaña*, onde ficaram a equipe e o resto do elenco, destacando-se Carroll Baker, que vinha de uma audaciosa atuação como a ninfeta retardada e *sexy* em *Baby Doll* (filme tirado da peça homônima, de Tennesee Williams).

JAMES DEAN

Mas as estrelas do filme não podiam ficar nesse hotel. Algumas casas com algum ar de dignidade foram alugadas. Elizabeth Taylor, a estrelíssima, ficou com a melhorzinha delas. James Dean, por força das circunstâncias, foi obrigado a ir morar na mesma casa que Rock Hudson e Chill Wills — este, um velho ator característico. A presença de Chill não incomodava muito a Jimmy. Ele, porém, não conseguia dissimular que mal tolerava Rock Hudson, achando-o inexpressivo e sensaborão. Rock, por seu turno, sentia ojeriza por Jimmy, rapaz sem modos. Para Rock Hudson, James Dean estava sempre mal-humorado, com cara de desprezo e, ao contracenar com os colegas, sempre tirava o máximo sem dar, que fosse, o mínimo em troca. Liz Taylor não ligava muito pra isso porque, estrela tarimbada, não precisava de nenhum esforço para ser, sempre, o centro absoluto das atenções; ao contrário, Liz até que se divertia vendo o esforço de Jimmy.

O símbolo central de *Gigante* é o petróleo, uma colossal metáfora sobre dinheiro, sexo e poder, que transformam os homens, forçando mudanças e a eventual decomposição daqueles que lucram nessa. Aquilo que Freud explicara como "um caldeirão fervendo com excitações ativadas".

Numa seqüência em que Jimmy tinha de contracenar com Elizabeth Taylor, só os dois, no rancho de Jett Rink, a coisa ficou difícil. Se fosse com seus outros dois diretores, Jimmy faria lindamente a cena; mas com George Stevens não dava. Stevens

"GIGANTE" E O FIM DE UM PEQUENO GRANDE MOÇO

havia permitido que mais de mil curiosos assistissem a filmagem. Gente da redondeza e turistas, ali porque se tratava de um filme estrelado por Elizabeth Taylor e Rock Hudson. Isto significando que naquela exata cena, sem Rock Hudson por perto — ou será que ele estava por ali assinando autógrafos? — Elizabeth Taylor era a rainha absoluta do cinema. E naquela contingência, tratando-se de uma cena íntima, além de provocativa (por parte do personagem de Jimmy) e afetiva (por conta do de Elizabeth) e também complexa (correntes ocultas de sexualidade), não havia meio de Jimmy ser acudido pelo Método. Não dava para se concentrar com todo aquele povo assistindo. E que foi que ele fez? Bem, depois de repetir 15 vezes a cena sem que nenhuma das 15 saísse a contento, Jimmy mandou parar e foi caminhando até a plebe ignara, baixou o zíper, puxou o pênis fora e mijou, mijou, mijou. Guardou o pau e voltou, seguríssimo. Mandou que filmassem. E foi uma vez só. Definitiva, perfeita. Elizabeth Taylor até hoje reconta a história aos amigos.

Gigante resultou em uma superprodução de três horas e dezoito minutos, um novelão; "um híbrido", escreveu um crítico; um *western* nem bom nem mau (e nem muito *western*); também não consegue ser um estudo social do novo oeste americano. Sem o tradicional "herói" como ponto focal, o filme marcha lentamente, arrastando-se sem nenhum objetivo, através de dinastias. Mas a crítica foi unânime quanto ao *make-up* envelhecedor de James

JAMES DEAN

Dean: ele é o único convincente entre os "velhos" da última parte do filme. Elizabeth Taylor e Rock Hudson tudo que fizeram foi suavizar o peso da passagem dos anos usando perucas azuladas. Já com Jimmy, não. Com a eterna mania do Método e, no caso, tendo de performar um velho, Jimmy leva a atuação ao nível do quase-reumático. Só não fica perfeito porque, sendo muito jovem, é, por natureza, um hiperbólico. Mas apesar de ter tido suas pretensões de ator criativo sabotadas pelo diretor, James Dean acabaria tornando-se a principal atração de *Gigante*, embora nele apareça quase perdido, no meio de outras distrações efêmeras. 20 anos depois, revendo a película, George Stevens confessar-se-ia arrependido por não ter dado ouvidos a Jimmy e por não ter-se permitido abrir para a criatividade do gênio, nele.

O Fim

As filmagens de *Gigante* terminaram em 15 de setembro de 1955, faltando, para Jimmy completar seu trabalho, colocar voz em certas cenas. Logo depois, Jane Deacy, sua agente, chega a Hollywood para renovar o contrato dele com a Warner Brothers. Um milhão de dólares por nove filmes em seis anos. No contrato, a Warner lhe concedia férias de um ano e na volta ele interpretaria Billy the Kid em *O Pistoleiro Canhoto*, outro *bang-bang* com trata-

"GIGANTE" E O FIM DE UM PEQUENO GRANDE MOÇO

mento psicológico. Jimmy está contentíssimo. Jane Deacy volta pra Nova Iorque e ele vai comemorar, indo com um amigo *connaisseur* comprar um Porsche Spyder prateado ao preço de seis mil dólares. O carro tem potência para mais de 150 milhas por hora. Jimmy diz que só usará o carro em corridas. No dia seguinte ele se inscreve para a corrida de Salinas. A um repórter esportivo Jimmy diz que competirá em todas as próximas corridas. O repórter pergunta: "A Warner vai gostar disso?", ao que Jimmy responde: "O estúdio não pode controlar minha vida quando não estou filmando". No momento seu novo carro é a sua grande paixão. Mas Jimmy não se aquieta. Sente-se impelido a sair mostrando o carro aos amigos. Nisso, os tios Marcus e Ortense chegam de Fairmount para lhe fazer uma visita. Os tios visitam a morada do sobrinho (uma espécie de cabana de caçador, só um vasto cômodo tendo tudo que é preciso dentro). Os tios jantam ali, e contentes, porque o rapaz dá a impressão de ter prosperado, retornam a Fairmount.

Fazia tempo que não se viam e Hedda Hopper telefona convidando-o para um chá *chez elle*. E novamente Jimmy encanta a colunista, desta feita a ela confidenciando: "Você sabe, Hedda, representar é ótimo e a satisfação é imediata; mas sinto que meu talento é mais para dirigir e, além disso, meu grande medo é escrever. Escrever é Deus. Mas ainda não estou pronto para esse ofício. Sou muito jovem e tolo. Para escrever é preciso ter certa idade; mas sei que quando começar... algum dia...".

Pouco antes de morrer Jimmy começara a escrever o roteiro de um filme, em parceria com seu velho amigo Bill Bast. O tema: *O Médico e o Monstro*. Jimmy faria uma interpretação que extrapolaria tudo que já fora feito sobre a criatura de dupla personalidade. Ele também andava trocando idéias com Nicholas Ray para formarem uma companhia independente. Jimmy aprenderia a dirigir e depois escreveria, dirigiria e interpretaria seus próprios filmes.

Jimmy tinha combinado com três amigos de irem os quatro para a corrida em Salinas. Sairiam de Los Angeles na véspera, dia 30.9.1955. O dia amanheceu lindo, céu azul, ensolarado, prometendo uma viagem agradável, de sete horas — isto é, se Jimmy respeitasse a lei das 45 milhas por hora. Jimmy vai apanhar o amigo Rolf Wutherich — um mecânico alemão especialista em carros de corrida, que estava revisando o seu Porsche Spyder. Rolf colocara cinto de segurança apenas para o motorista, uma vez que na corrida Jimmy não teria outro passageiro. Os dois vão almoçar com o pai de Jimmy e o irmão dele, tio do ator. Depois do almoço vão pegar os outros dois amigos, Bill Hickman (que durante as filmagens de *Gigante* era quem batia texto com Jimmy) e Sanford Roth (fotógrafo do primeiro time, que publicara um livro de fotos do escritor Aldous Huxley). Os quatro deixam Los Angeles. O carro de Jimmy sai na frente, com ele e Rolf. Seguem-nos, no outro carro, Sanford e Hickman. Jimmy está muito feliz, descontraído,

"GIGANTE" E O FIM DE UM PEQUENO GRANDE MOÇO

rindo à toa. Rolf lhe dá uns conselhos úteis de como dirigir durante a corrida do dia seguinte. Jimmy tira do dedo um anel de estimação e dá para Rolf, dizendo: "Isto é uma prova de amizade, Rolf". O mecânico fica comovido. Mas o anel só serve no dedo mínimo: a mão de Rolf é muito maior que a de Jimmy. Para Rolf, um especialista, Jimmy dirigia tão bem quanto os melhores da Europa. Coragem ele tinha, faltava trabalhar a técnica. A uma certa altura da Rota 99, Jimmy é autuado e multado pela patrulha rodoviária por estar dirigindo a 65 milhas. Sanford, que vinha tentando segui-lo, também é multado. Sanford aproveita para pedir a Jimmy que não corra tanto. Os quatro combinam encontro para jantar em Paso Roble. Mais adiante Jimmy dá uma paradinha para comprar uma sacola de maçãs. Entra no carro, pisa no acelerador e, sem apertar o cinto de segurança, diz a Rolf: "Agora vamos direto a Paso Roble, sem parar". A Rota 466 está deserta; nenhum carro exceto o Porsche e, atrás, o carro com Sanford e Hickman. Jimmy vai mais rápido agora — o que Rolf acha natural, uma vez estando numa boa estrada e na direção de um carro de corrida. São 5h30 da tarde. O sol, uma bola de fogo, faz brilhar ainda mais os olhos dos rapazes. Agora Jimmy já está correndo a umas 100 milhas por hora. Rolf começa a sentir sono. "Tudo certo?", pergunta Jimmy. "Tudo certo", responde Rolf, já quase dormindo, embalado pelo ruído monótono do motor. Minutos depois o Porsche aproxima-se do cruzamento da 466 com a 41. Um Ford sedã, indo na direção contrária na 466, começa a dobrar à esquerda. O motorista, não avistando nenhum carro vindo, dobra. O Porsche de Jimmy corre feito raio. Jimmy diz a Rolf: "Aquele carro lá tem que parar, ele tem que nos ver". Repentinamente, um guinchar de freios e o choque terrível. 5h45. James Dean está morto.

Não muito depois chegam Sanford e Hickman. Sanford conta que primeiro viu o Ford não muito danificado. Então avistou a uma certa distância algo que parecia um maço de cigarros amassado. Era o Porsche. Mas... onde estava Jimmy? Sanford e Hickman correm em direção ao Porsche mas são barrados por um policial e suas perguntas. Num lado da estrada, Donald Turnupseed — um estudante de 23 anos — estava pálido e chorava: "Eu não tinha visto ele, juro que não tinha visto ele..." — Donald só estava com o nariz um pouco amassado. Sanford e Hickman vêem, então, que Rolf tinha sido atirado fora do Porsche, sofrendo ferimentos não muito graves; e que Jimmy estava dentro, no seu assento; o impacto fora tão violento que Jimmy tivera o pescoço quebrado, fraturas múltiplas e lesões internas. A ambulância chega, mas é tarde demais. Automaticamente, Sanford começa a fotografar.

Nos dias seguintes o mundo ficava sabendo da notícia, pelo rádio e pelas manchetes nos jornais. E quatro dias depois da morte de Jimmy, Winton Dean levava o corpo do filho de volta a Fairmount,

"GIGANTE" E O FIM DE UM PEQUENO GRANDE MOÇO

onde cerca de quatro mil pessoas acompanharam o funeral, no dia 8 de outubro de 1955. O caixão de Jimmy foi carregado por quatro ex-colegas de colégio até o cemitério onde foi enterrado perto da mãe.

Giant, sua última cena.

CAPÍTULO 7

JAMES DEAN POST JIMMY MORTEM

A morte de Jimmy traumatizou meio mundo. Barbara Glenn ficou passada mas disse que vivia esperando aquilo para qualquer instante. Carrol Baker conta que Elizabeth Taylor desmaiou e ficou em estado de choque vários dias. Para os que se ligavam nele, foi como se um justiceiro rebelde, um adolescente muito fotogênico tivesse partido desta antes do tempo.

Quatro dias após sua morte, quando então só o mito permanecia vivo, *Juventude Transviada* (conforme estava programado) teve sua estréia mundial em Nova Iorque. A crítica, sempre muito exigente, não engoliu fácil e nem viu nada de muito inovador nesse túrgido melodrama. Mas James Dean novamente surpreendeu como intérprete fora do comum, e essa mesma crítica foi unânime nos aplausos calorosos. E a influência da fita sobre a juventude se alastra pelo mundo, nos anos seguintes. Brigas de faca, ruídos de motocicletas e corridas clandestinas de carro arrepiando em tudo que é cidade. No Brasil, por exemplo, esses jovens eram chamados de "juventude transviada". Cada família tinha sua ovelha negra. Gente que hoje é deputada pela oposição, na época, adolescente, copiava Jimmy nos mínimos conflitos. Até Rita Lee confessaria, uns 20 anos depois, ter sido na época — aos cinco anos de idade? — uma das "viúvas" de James Dean.

Jimmy fora sábio, deixando também — além de sua imagem no celulóide, a todos iluminando e possuindo — uma infinidade de fotos e textos sobre ele. Enfim, tudo que era preciso para a produção de sua canonização, pelos seguidores dele como religião. Pois que religião ele tinha se tornado. Cultos se espalharam pelo planeta. E o que é *culto*? É um fenômeno construído a partir do desejo coletivo, uma confirmação de que algo de significativo ocorrera, sendo preciso continuar vivo. Não como manifestação de histeria e sim como resposta profunda a uma realidade psíquica. Seu espírito permanecia onipresente. Ele deixara algo em que a juventude pudesse reconhecer a si própria como força vital independente.

A descrença do acidente (uns achavam que ele estava vivo mas desfigurado, escondido em algum recôndito); a chuva de cartas aumentava diariamente, milhares delas, endereçadas ao vivo e ao morto,

JAMES DEAN

Capa do New Musical Express.

vindas do mundo todo. Só no primeiro aniversário de sua morte a Warner recebeu mais de 50 mil cartas em nome dele. Milhares de jovens se produziam interior e exteriormente a ponto de serem réplicas perfeitas dele. Assemelhar-se a J.D. tornara-se uma obsessão entre os devotos. Fã-clubes espalhavam-se internacionalmente em troca-troca de correspondência, encontros, propaganda de boca; peregrinações e romarias a Fairmount, gente do mundo inteiro descobrindo o caminho até o cemitério para depositar flores e mensagens no seu túmulo; visitas inoportunas aos tios, aos avós, aos conhecidos. Tios Marcus e Ortense pensavam que com o tempo isso passaria. Mas não passou, continuou e continua. E a senhora Nall, sempre muito procurada e prestativa, disse recentemente a uma pesquisadora: "Os jovens, numa reverência à terra que foi a d'Ele, vêm aqui em busca da mesma energia; eles querem ser iguais a Jimmy, por isso vêm, pelo desejo de andar sobre o solo em que Ele andou, respirar o ar que Ele respirou . . .".

Para o povo de Fairmount, uma comunidade *quaker* — e os *quakers* não têm santos nem imagens, venerando só o espírito —, toda essa coisa de Jimmy ter sido transformado em santo foi muito estranha. Ainda assim existem um Museu J.D. e muitos outros reconhecimentos a ele, em Fairmount.

Fundações e corporações foram criadas, sem fins lucrativos mas para manter acesa a flama, atendendo aos necessitados desse calor e aos caçadores de lembranças. E, preservando a memória, números especiais de revistas, livros, discos, *posters*, postais, fotos, bustos em gesso ou mármore ou bronze, medalhões, talismãs, tudo tendo ele como tema. Jornalistas à caça dos que o conheceram bem ou mal e que dele pudessem revelar algo de inédito. E todo um folclore desencadeado. Oportunistas visando lucro na indústria de bricabraques. E premiações póstumas, indicações para o Oscar etc. Ele, mito e símbolo obrigatório das confusões e dos tumultos experimentados na adolescência e no começo da maturidade. Na América e no mundo, roqueiros, colegiais, travestis e não-conformistas em geral, todos identificavam-se com J.D. No mundo inteiro o artigo importado mais cobiçado, nos anos 50, passaram a ser os *jeans Lee* e *Levi's*. No Irã, na Polinésia, na Islândia e em Uberaba, James Dean era o símbolo de tudo que era jovem, moderno, americano e *diferente*.

J.D. codificou o uniforme dos jovens, expressando uma atitude frente à sociedade, uma resistência contra as convenções sociais do universo adulto, como se, entregando-se à violência, às bolinhas, ao *rock* e às experiências sexuais selvagens, os adolescentes procurassem Deus. Um Deus mais próximo de Dionísio que de Apolo. Um Deus cuja imagem, em vez de estática nos altares das igrejas, estava em constante ação no menos convencional dos templos, o templo do entretenimento comercial e da fantasia: o cinema. Pois foi através de Hollywood que J.D.

tornou-se imortal.

E não é coincidência o fato de James Dean e o *rock'n'roll* terem invadido a consciência mundial ao mesmo tempo. J.D. e o *rock* expressaram uma mudança no estado mental do público, algo que esse público não entendia completamente mas que intuitivamente abraçava. Diferentes por temperamento, Jimmy e Elvis Presley sabiam que estavam operando no mesmo plano. Jimmy gostava de música erudita, *jazz* e cantos africanos. Mas entendia Elvis e o *rock*. Por outro lado, conta-se que Elvis idolatrava Jimmy e assistira umas dez vezes a *Juventude Transviada*, a ponto de saber de cor e salteado muitas de suas falas.

E, claro, não poderia faltar um filme póstumo. Em 1956, num de seus primeiros trabalhos como diretor, Robert Altman começa a planejar *The James Dean Story*, e até Robert Conrad (que anos depois estrelaria *Oeste Selvagem*, o seriado de TV) foi levado a Fairmount para que a senhora Nall avaliasse se ele era ou não parecido com Jimmy, para o encargo de representá-lo no filme. Não. Não era. Assim, a idéia de outro ator interpretar James Dean foi abandonada e ficou decidido que J.D. seria interpretado por ele mesmo, em um documentário usando palavras, fotografias, *clips* de filmes e entrevistas. Marlon Brando foi convidado para ser o narrador do filme; a princípio topou, mas depois de sete minutos de entusiasmo declinou da proposta, argumentando que essa glorificação póstuma de J.D. estava toda errada. Para Marlon Brando, J.D. não tinha nada de herói; era apenas um rapaz tentando se encontrar.

De Bill Bast a Barbara Glenn, nenhum amigo de Jimmy quis participar do filme, evitando o tipo de publicidade a que a fita poderia expô-los. Mas a produção, com distribuição via Warner, conseguiu a participação de tios e avós de Jimmy, assim como a do folclórico Bing Traster (o mesmo contador de lorotas que tanto havia fascinado Jimmy na infância, na fazenda do avô). Como curiosidade — e para se ter noções de como fora a infância e adolescência do ícone — a parte filmada em Fairmount é a melhor do filme. *A História de James Dean*, pomposo e sentimentalóide, resultou num estrondoso fracasso de bilheteria. Lançado em 1957, em N.I., o filme foi discretamente tirado de cartaz e vendido à televisão.

E passaram-se uma, duas, quase três décadas. No verão europeu de 81, vagava eu pela Itália, numa dessas viagens curtas e de pouca grana, quando rolando de trem por ali, resolvi descer e passar algumas horas em Florença para admirar o *Davi* de Michelangelo. Afinal, Florença fora a Nova Iorque de sua época, na Renascença, tendo nessa cidade se criado os primeiros banqueiros, com os Médici e todas aquelas famílias importantes. Mal informado, cheguei numa segunda-feira, dia em que os museus estão fechados. Deu de ver apenas a réplica do Davi, na Piazza della Signoria e tudo bem, o artigo genuíno ficava para a próxima. Com todos aqueles artistas maravilhosos, Leonardo, Michelangelo, Rafael, e mais a infinidade dos que antes, na Idade Média, pintaram ícones em afrescos, o que não falta na Itália são imagens de santos e beatificados. Mas estando em Florença e já que o museu estava fechado, nada mais natural que pedestrar ao acaso. E o acaso me levou a uma dessas ruazinhas da moda, cheia de boxes alternativos, onde atraiu-me sobremaneira uma lojinha chamada "Marilyn", toda especializada em parafernália monroesca, do batom aos modelinhos que fizeram a marca registrada da sensual estrela. A única outra estrela da qual se vendiam lembranças artesanais nessa loja era James Dean. Depois, seguindo viagem por outros lugares da Itália, constatei que Marilyn e J.D. — exatamente os dois — enfeitavam com suas imagens as vitrinas de grandes e pequenos magazines, assim como bancas de bricabraques, dessas que se plantam em frente das estações de trem. Achei tudo isso muito significativo. Nesse mesmo verão — e de volta a Londres, meu *pied-à-terre* na Europa — comprei, como fazia semanalmente, o *NME* (meu tablóide favorito). Nele encontrei um artigo escrito por Tony Parsons, com o título "PEGUEM ESTE DEUS E ENTERREM-NO". Do artigo, transcrevo a seguir alguns excertos:

"O homem que começou tudo! O primeiro *teenager!* (...) Eu tinha 10 anos e depois de vê-lo num filme corri ao espelho para ver se a imagem refletida era a dele. Cresci como se ele estivesse me observando e tomando notas. (...) Mas agora! Os filmes dele não resistem. Intérprete constrangedor, ele está

JAMES DEAN

sempre querendo provar-se capaz de representar personagens *complexos*. No fundo está é sempre naufragando num oceano de autopiedade. Dean, Brando, não passam de travestis, bem no estilo romantizado por Jean Genet, dos motoristas de caminhão; assim como dos tratoristas de Tennessee Williams. (...) E todo mundo sabe que Elia Kazan entregou muitos amigos e colegas à caça aos comunistas do macarthismo, para salvar a própria pele. (...) E depois, o MOMismo dos anos 50: por trás de tudo que acontecia, a culpada era sempre a mãe. Se o adolescente era descontente, marginal, drogado ou fracassado, a culpa era da mãe castrativa. Esta queria sempre cortar o saco do filho para usar como brinco. A mãe suburbana, invejosa do pênis, fazia suas vítimas saírem por aí matando touro pelo chifre. Esses filmes são todos misóginos e racistas. (...) Sem contar que Dean tinha um gordo contrato com a Warner. (...) Dos filmes dele o melhor, ou melhor, o único ao qual se assiste, é *Gigante*. Nele Dean está bem porque é mantido no seu devido lugar — lá na *chorus line*, junto aos outros coadjuvantes. Ironicamente, muitas das falas de Dean em *Gigante* são pura mímica. Ele morreu antes que pudesse tentar de novo. Foi dublado por Nick Adams. (...) O irritante em James Dean é que ele quer que você o assista de mãos crispadas e o aplauda, ao mesmo tempo. Dean teve sorte de morrer quando morreu: uma lenda — que não teria sido, caso continuasse vivo — foi selada. Se vivesse, hoje com mais de 50 anos, ele estaria atormentando a paciência de seu agente para lhe conseguir uma participação no *Muppet Show* em qualquer semana precisada."

Como se vê, décadas passam mas entre os jovens existem sempre os raivosos. Quando Tony Parsons escreveu isso, em 81, estava com 24 anos (a idade com que Jimmy morrera). É uma necessidade de quem debuta: velhos mitos precisam ser demitificados pelos novos porta-vozes dessa ala da juventude eternamente insatisfeita porque, assim como Jimmy, é sensível e pensante.

Mas não. Não mesmo. Nem pensar. Deve ter sido Deus ou alguma força muito estranha o criador dessa criatura surgida no momento certo — meados do século vinte, anos 50, e exatamente no meio dessa década, 1955 — para acabar com um *aión* e começar outro. Demitificá-lo? Sim, talvez, por que não. Mas, *kitsch* à parte, é preciso reconhecer que, historicamente, em nosso século a fotografia e seus derivados (cinema etc.) representam o que a pintura e similares representaram nos outros séculos quando . . . bem, deixo pra lá (não há mais espaço). Fotografia como arte maior ou menor é coisa discutível, concordo. Mas, se hoje se vai a Florença ver o *Davi*, a Paris ver *La Gioconda*, e à Grécia e ao Egito ver tudo aquilo que se tem direito, relacionado à civilização, ao artístico e ao histórico, é de se imaginar que num futuro longínquo, digamos, no século trinta, olhar-se-á para a imagem de James Dean — já que agradável de nela se pousar os olhos e descobrir *arte* — como

JAMES DEAN

um ícone do século vinte, simbolizando a síndrome da juventude deste nosso tempo. Qualquer coisa assim. Pois que o mundo pode "acabar" várias vezes mas a História não. Se vem sendo escrita até hoje, é provável que assim continue sendo, por todos os séculos e séculos. Amém. O que conta é que James Dean trabalhou para deixar o que deixou. E seu legado emplacou. Sem contar que foi um *poseur* talentosíssimo, um modelo perfeito em seu atraente *display*. Hoje, se não mais desencadeia fanatismo e quejandos, sua estética já foi assimilada e está integrada no comportamento jovem. A semente de J.D. gerou a raiz da cultura dos anos 60 e 70. No cinema foi o último grande. Depois, na música, tivemos Elvis & Beatles e outros menores. Um deus a seu modo, James Dean vingou como o adolescente destrutivo, o destruidor de antigas ilusões e criador de novas, o violento agente das mudanças e arauto de uma nova era. O dançarino divino que, com sua morte, trouxe toda uma nova primavera.

O Porsche Spyder a caminho de Salinas, fotografado por Sanford Roth.

CRONOLOGIA/FILMOGRAFIA

1931
- A 8 de fevereiro nasce James Dean, em Marion, Indiana, USA.

1940
- Morre a mãe, na Califórnia. James Dean vai viver na fazenda dos tios em Indiana. Freqüenta a escola. Está com 9 anos.

1949
- Termina o colégio e vai para Los Angeles decidido a fazer carreira como ator. James Dean está com 18 anos.

1950
- É admitido na UCLA, no curso superior de Teatro. Fracassa como "Malcolm" em *Macbeth*. Consegue o primeiro emprego como ator, num comercial da Coca-Cola, que o credita para outras pontas em TV, rádio e cinema.

1951
- Transfere-se para Nova Iorque, seduzido pela fama do *Actors Studio*.

1954
- Atua em *O Imoralista*, na Broadway, e é premiado com o "Tony", como o ator mais promissor do ano. Contratado pela Warner Bros., vai para Hollywood estrelar *Vidas Amargas*. Está com 23 anos. Sai com Vampira, conhece Marlon Brando e namora Pier Angeli.

1955

— Estrela *Juventude Transviada*, seu filme mais importante. Apaixona-se pelas corridas. Filma *Assim Caminha a Humanidade*, renova contrato (milionário) com a Warner, compra o Porsche Spyder, inscreve-se para a corrida de Salinas e morre num acidente a caminho dela, em 30 de setembro de 1955, aos 24 anos.

1956

— O culto a James Dean explode no mundo todo. Deus, herói, ícone adolescente do século vinte.

FILMOGRAFIA DE JAMES DEAN

1951
Fixed Bayonets (*Baionetas Caladas*). 20th Century-Fox.
   Direção: Samuel Fuller
   Elenco: Richard Basehart, Gene Evans, James Dean (ponta).

1952
Sailor Beware (*O Marujo Foi na Onda*). Paramount.
   Direção: Hal Walker
   Elenco: Dean Martin, Jerry Lewis, Corinne Calvet, James Dean (ponta).

Has Anybody Seen my Gal? (*Sinfonia Prateada*). Universal.
   Direção: Douglas Sirk
   Elenco: Charles Coburn, Piper Laurie, Rock Hudson, James Dean (ponta).

1954
East of Eden (*Vidas Amargas*). Warner Bros.
   Direção: Elia Kazan
   Elenco: Julie Harris, James Dean, Raymond Massey, Jo Van Fleet.

CRONOLOGIA/FILMOGRAFIA

1955
Rebel Without a Cause (*Juventude Transviada*). Warner Bros.
　Direção: Nicholas Ray
　Elenco: James Dean, Natalie Wood, Sal Mineo.
Giant (*Assim Caminha a Humanidade*). Warner Bros.
　Direção: George Stevens
　Elenco: Elizabeth Taylor, Rock Hudson, James Dean.

1957
The James Dean Story (*A História de James Dean* — Filme póstumo). Warner Bros.
　Direção: Robert Altman e George W. George
　Elenco: Marcus Winslow, Ortense Winslow, Markie Winslow, Bing Traster.

SOBRE O AUTOR

Antonio Bivar nasceu e vive em São Paulo. Escreveu, entre outros, *O que é Punk*, *Alma Beat* (o ensaio sobre Gregory Corso e a cena *beat* nos anos 1980), *Verdes Vales do Fim do Mundo*, *Chicabum* e *Longe Daqui Aqui Mesmo*.

IMPRESSÃO:

Santa Maria - RS - Fone/Fax: (55) 222.3050
www.pallotti.com.br
Com filmes fornecidos.